Elogios Anticipados para "Admisiones Universitarias: La Guía Esencial para Padres Ocupados"

"¡Wow! ¡Este *libro es increíble! Es como si me hablara directamente a mí (y estoy seguro de que a muchos otros padres en mi misma situación). No sólo aborda muchas de nuestras preocupaciones específicas, sino que también establece un plan de acción paso a paso de una manera reflexiva y tranquilizadora que da dirección y esperanza. Este libro va a ser muy valioso para los padres de los estudiantes que se están preparando para la universidad, ¡especialmente porque este proceso parece más abrumador y confuso que nunca!"*

— Alana McIntyre

"Este libro es una joya: material práctico que todos los padres deberían tener al alcance de la mano mientras navegan por el proceso de solicitud de admisión a la universidad con sus hijos adolescentes."

— **Jessica Everton**

"Como madre de un estudiante de segundo de preparatoria, este va a ser mi mundo muy pronto. He aprendido mucho con este libro. Realmente desmenuza el proceso y guía al lector a través de cada fase. Me resultó absolutamente sorprendente que alguien pudiera elaborar una guía tan completa teniendo en cuenta todas las variables y plazos aparentemente distintos (entrevistas, asesoramiento, requisitos diversos, reuniones, finanzas, currículos, ensayos, portales de solicitud). Todo lo que me da miedo."

— **Melinda Recchi**

ADMISIONES UNIVERSITARIAS

LA GUÍA ESENCIAL PARA PADRES OCUPADOS

Visite el sitio web de College Prep Counseling en CollegePrepCounseling.com Únase al grupo de Facebook del libro: https://www. facebook.com/groups/admissionessentials

Impreso en los Estados Unidos de América

Tapa dura ISBN: 978-1-958714-92-8
Tapa blanda ISBN: 978-1-958714-93-5
Libro electrónico ISBN: 978-1-958714-94-2

Biblioteca del Congreso: 2023933295

Muse Literary
3319 N. Cicero Avenue
Chicago IL 60641-9998

LA GUÍA ESENCIAL
PARA PADRES
OCUPADOS

ADMISIONES UNIVERSITARIAS

BETH PICKETT

FUNDADORA DE COLLEGE PREP COUNSELING

MUSE
LITERARY

Índice

Introducción

Parece mentira que los años hayan pasado volando y ya sea el momento de que su hijo de preparatoria esté pensando en las solicitudes de ingreso a la universidad. Usted recuerda, por experiencia propia o por lo que le han contado sus amigos, que el proceso de solicitud puede ser complicado, abrumador y estresante. Hoy en día, ser aceptado en las universidades selectivas de cuatro años -a efectos de este libro, aquellas que aceptan menos del 60% de los solicitantes- es más competitivo y más molesto que en sus tiempos. Muchas universidades se han vuelto más tremendamente populares (y, por tanto, más difíciles de admitir) que hace 20 años. La tasa de admisión de Duke ha bajado al 7,8%, la de Bowdoin al 9,2% y la de la USC al 16,1%. El panorama ha cambiado, y los padres que no se den cuenta de ello pueden llevarse un susto. Si juzgan mal el panorama universitario, también pueden hacer que su hijo cree una lista de universidades totalmente irreal que le deje con muy pocas opciones cuando llegue la primavera de su último año.

Esta guía está dirigida a usted si quiere que su alumno lleve las riendas, pero también quiere ser capaz de ofrecerle buenos consejos, controlar en qué punto del proceso se encuentra y saber que está cumpliendo el plan para poder ofrecerle apoyo en caso de que se desvíe del camino. Quiere saber qué deben hacer y cuándo, para poder responder a sus preguntas y guiarlos cuando sea necesario.

También sabe que está al menos en parte -si no en su totalidad- a cargo de la parte financiera de esta ecuación, y que las universidades privadas de Estados Unidos pueden costar 80.000 dólares o más al año para los que pagan la cantidad completa. Por suerte, esa no es la mayoría de las familias; explicaré el por qué en la sección de ayuda financiera. Por mucho que queramos que nuestros adolescentes se enfrenten a esta tarea por sí mismos, la universidad hoy en día es demasiado cara como para entrar en el proceso de solicitud sin entender las implicaciones financieras que deben ayudar a dar forma a la lista de universidades a las que su estudiante va a aplicar. Recuerde: es posible que tenga que emitir un cheque de cuatro o cinco cifras cada semestre durante cuatro o más años. Realizar el proceso de solicitud con claridad e intención -específicamente, ayudar a su hijo adolescente a considerar cuidadosamente qué universidades entran en su lista final- puede ayudarle a tomar decisiones informadas que reducirán esos costos o, al menos, le permitirán ir con los ojos bien abiertos.

Idealmente, el apoyo a su estudiante a través del proceso de admisión a la universidad será una oportunidad para conectarse con su hijo adolescente de una manera positiva en lugar de pasar al papel de jefe, regañándolo durante los próximos meses para que escriba los ensayos o llene los formularios. Este libro le dará una sólida comprensión de los numerosos componentes de una solicitud de ingreso a la universidad y cómo y cuándo el estudiante debe solicitar, reunir o crear esos materiales.

Con este libro, lo guiaré a través de los componentes clave de una solicitud de ingreso a la universidad, indicándole los recursos, las mejores prácticas y un cronograma para completar cada tarea. Merece tener esto claramente explicado para que usted y su estudiante puedan trabajar juntos para tomar buenas decisiones en cada paso, evitar errores, y no sentirse como si estuvieran perdidos o tambaleándose.

También le mostraré cómo es un calendario ideal para conseguir que las solicitudes se realicen con la menor cantidad de estrés, y le aclararé los factores que debe tener en cuenta mientras apoya y colabora con su estudiante en la toma de decisiones a lo largo del camino. Este libro es una herramienta que le llevará paso a paso por el camino crítico y le ayudará a entender las consideraciones básicas en cada momento, a la vez que divide la tarea general en partes manejables, del tamaño de un bocado, para eliminar el estrés de la fecha límite y el agobio de las solicitudes para usted o para su adolescente. Todo está organizado en un solo lugar para una referencia rápida, de modo que no tenga que pasar horas buscando en páginas aleatorias de Internet que pueden o no darle información precisa.

¿Quién soy yo para acompañarles en este proceso? Soy Beth Pickett, una profesional de las admisiones universitarias que ha estado ayudando a los estudiantes y las familias con este proceso desde el 2007. Me gradué en la Universidad de Stanford y obtuve un certificado en Asesoramiento Universitario en la UCLA. He trabajado con estudiantes de las mejores preparatorias públicas y privadas del país y he ayudado a los estudiantes a ser admitidos en sus mejores universidades. Para algunos, eso significaba una universidad de la Ivy League. Para otros, eso significaba una universidad estatal o comunitaria, a la que una estudiante decidió asistir a pesar de una oferta de admisión de una escuela de la Universidad de California, ya que era lo suficientemente consciente de sí misma como para darse cuenta de cuál era la mejor opción para su salud mental. También soy madre de dos adolescentes, así que lo entiendo.

Algunas familias se sorprenden de la cantidad de horas de trabajo que se dedican a la investigación de las universidades, la redacción de ensayos y la preparación y presentación de solicitudes. Como dijo recientemente una de las madres de mis clientes, "¡No puedo creer el circo que han montado para solicitar una universidad! En mis tiempos, ¡sólo lo hacíamos! Rellenar la solicitud, escribir un ensayo, enviar las calificaciones, bam. Ahora es una escena completamente nueva."

He descubierto que la mejor manera de guiar a los estudiantes a través del proceso es ayudarles a empezar, preferiblemente en la primavera de su primer año de preparatoria. Trabajar en sus aplicaciones a un ritmo lento y constante puede evitar crisis, ataques de nervios, exasperación y agotamiento por su parte y por parte del estudiante.

Asimismo, este proceso puede resultar estresante para las familias, ya que se produce precisamente en el momento en que los estudiantes buscan más independencia de sus padres y con frecuencia hacen un esfuerzo concertado para descartar los consejos y la orientación de los padres. Tenga cuidado si su alumno dice "ya lo tengo" cuando, en realidad, no lo "tiene" en absoluto. Anímelo a compartir sus listas, estrategias y pruebas de que está haciendo el trabajo. Y tenga en cuenta, a medida que se desarrolla este proceso, que ahora es un buen momento para hacerle saber a su estudiante que lo ha logrado y puede tener éxito en la vida, independientemente de la decisión de admisión de cualquier universidad. Asegúrele que usted lo quiere pase lo que pase.

¿Está preparado para tener una idea más clara de cómo funciona este proceso y cómo puede apoyar a su estudiante en este viaje? Si es así, ¡vamos!

1

La Búsqueda de Universidades: Empezar por el Estudiante

Como padres, queremos lo mejor para nuestros hijos. Estamos dispuestos a hacer cualquier cosa para ayudarles a tener un futuro feliz e independiente. Para muchos de nosotros, esto incluye planes para enviarlos a la universidad. Soñamos con lanzarlos a una escuela en la que puedan aprender, madurar, desarrollar sus habilidades como "adultos" y graduarse con un título que les ayude a iniciar una carrera, no sólo a conseguir un trabajo. Sin embargo, con demasiada frecuencia, los padres y los estudiantes tienen dificultades para saber por dónde empezar a buscar universidad. Hay casi 3.000 universidades públicas y privadas de cuatro años en Estados Unidos. Su estudiante debe prever la posibilidad de aplicar a entre 10 y 16 de ellas. ¿Cómo puede usted ayudarle a reducir esa lista?

Muchos estudiantes empiezan por hacer una lista de las universidades en las que se han graduado familiares y amigos, de las universidades de renombre de la Ivy League o de las que son nombres conocidos porque hacen un buen papel en el torneo de básquetbol de la NCAA March Madness. También es bastante habitual que los padres tomen un ejemplar de *U.S. News and World Report* para consultar la clasificación de las universidades. Yo recomiendo un enfoque más metódico que empiece por el estudiante. Definir los factores que el estudiante busca en su experiencia universitaria. ¿Qué quiere estudiar el alumno? ¿Prefiere las clases de seminario basadas en el debate o las conferencias? ¿Dan lo mejor de sí mismos en un ambiente competitivo, o sus estudios se beneficiarían de la colaboración y los proyectos cooperativos? ¿Quiere tener acceso a muchas actividades al aire libre o prefiere estar en un entorno urbano? ¿Están dispuestos a unirse a una fraternidad/hermandad, o igual de dispuestos a evitarlas, o no tienen ninguna preferencia? ¿Es importante para ellos la diversidad racial, geográfica o socioeconómica entre los estudiantes? Definir los parámetros que son más importantes para el estudiante les ayuda a crear una lista individualizada de universidades que se ajustan a esas preferencias.

Abordar la lista de universidades de este modo permite al estudiante saber que es la prioridad y que puede tomar la iniciativa. Se asegura de que sepan por qué están aplicando a las escuelas que han seleccionado para su lista y alivia la válvula de presión de entrar en un puñado de escuelas altamente clasificadas y altamente selectivas (también conocidas como "altamente rechazadas") que pueden ni siquiera ofrecer los programas, servicios o ambiente donde el estudiante podría prosperar.

Uno de mis alumnos era el segundo de su clase en un gran instituto de las afueras. Tenía un promedio de calificaciones (GPA) espectacular de 4.6 y le iba muy bien en sus exámenes estandarizados, y tenía actividades extracurriculares fuertes y únicas. Podría haber sido un candidato viable en cualquier escuela del país. Pero no le interesaban la mayoría de las universidades de renombre. Quería un lugar en el que pudiera estudiar ciencias medioambientales y arte en un entorno hermoso con gran acceso al aire libre, así que limitó su búsqueda a las universidades de artes liberales del noroeste del Pacífico. Su lista final de universidades reflejaba los factores específicos de la universidad que eran importantes para él. Eligió las universidades que cumplían sus criterios, en lugar de dejar que las clasificaciones lo hicieran por él.

¿QUÉ QUIERE ESTUDIAR EL ESTUDIANTE?

Cuando empezamos a reducir la lista de esas 3.000 universidades de cuatro años, lo primero que hay que hacer es ayudar al estudiante a averiguar qué cree que puede querer estudiar. Algunos estudiantes ya lo tienen muy claro. Otros se sienten completamente en la oscuridad, pero cuando se detienen a considerar sus temas académicos favoritos y lo que les gusta hacer, pueden surgir ideas.

A mis alumnos que dicen no tener ni idea de lo que les gustaría estudiar, les envío una evaluación de YouScience.com. (También está disponible para su compra directa por unos 30 dólares en su sitio web). Esa evaluación pide al estudiante que complete una serie de unas ocho tareas, llamadas "juegos cerebrales," para obtener información sobre cómo está conectado su cerebro. Posteriormente, relaciona los resultados del estudiante con las carreras que mejor se adaptan a su estructura cerebral. Esto da a los estudiantes un punto de partida para iniciar el debate.

Tenga en cuenta que todo lo que estamos haciendo es ayudar al estudiante a encontrar una dirección general que le gustaría seguir a través de la universidad. No les pedimos que se comprometan con una carrera para los próximos 40 años. La clave es asegurarse de que el estudiante encuentre una universidad que ofrezca las materias y programas académicos que le gustaría estudiar. Por ejemplo, si sabemos que un estudiante se inclina más por la ingeniería que por el inglés, sabremos inmediatamente que las escuelas que no ofrecen ingeniería están fuera de la lista. Los estudiantes que tienen un interés muy específico, como la gestión del pasto (según el sitio web de una escuela para ese departamento, "¿Te gustan los deportes y trabajar al aire libre? Conviértete en un experto en la ciencia del mantenimiento de campos de golf, campos deportivos y mucho más") podrían reducir inmediatamente su lista a las cinco universidades estadounidenses que ofrecen esa especialidad.

Si un estudiante quiere ir a la búsqueda de la universidad como "indeciso," también está bien, siempre y cuando encuentre una escuela con suficiente oferta de temas de interés que sienta que podría encontrar una especialización. Sí, la mayoría de las universidades ofrecen una variedad de asignaturas, pero algunas son muy específicas. Por ejemplo, todos los graduados de la Universidad Soka de América obtienen una licenciatura en Artes Liberales; los estudiantes del St. John's College -en los campus de Maryland o Nuevo México- estudian los Grandes Libros y, al igual que en Soka, todos obtienen un título: una licenciatura en Artes Liberales.

En muchas universidades, los puestos vacantes en ciertas carreras como ingeniería, informática, negocios, cine y enfermería se llenan con estudiantes que aplican directamente a esos programas al salir de la preparatoria, por lo que la transferencia una vez que el estudiante ha comenzado la universidad puede no ser una opción. Los estudiantes deben revisar las reglas de transferencia de una carrera a otra para cada escuela en su lista para que sepan de antemano lo que es y no es una opción.

¿QUÉ CARACTERÍSTICAS DE LA UNIVERSIDAD QUIERE EL ESTUDIANTE?

A continuación, determine los criterios que el estudiante desea en una universidad. Estos criterios pueden considerarse una especie de menú a la carta de opciones que el estudiante puede elegir al considerar lo que es importante para él en su experiencia universitaria. No hay respuestas correctas o incorrectas; es simplemente una cuestión de preferencia por parte del estudiante. A continuación he enumerado algunos de los criterios clave.

Geografía. ¿El estudiante está considerando sólo universidades en Estados Unidos, o está (y usted) abierto a ver universidades en Canadá, Europa o Asia? Si está en Estados Unidos, ¿podría el estudiante considerar una universidad en Arkansas o Alaska? ¿O sólo en el noreste? ¿Desea el estudiante asistir a la universidad a un determinado número de kilómetros de su casa?

Ubicación. ¿Quiere el estudiante estar en el centro de una ciudad con todas sus ajetreadas actividades más allá de lo que ofrece el campus, con posibilidades de hacer prácticas y con gente de todas las edades entretejiendo su vida diaria? ¿O tal vez quiere un entorno de campus más suburbano, donde la mayoría de sus actividades e interacciones se desarrollarán en el campus con estudiantes de su misma edad, y donde los problemas de la calle y de la ciudad son menos preocupantes? Tal vez el estudiante se sienta más cómodo en un entorno rural, donde el campus es realmente el único juego en la ciudad para las actividades y las interacciones de los compañeros.

El clima. ¿Su estudiante está de acuerdo con un invierno largo y nevado o espera estudiar en una parte soleada del país? ¿O el clima no es uno de sus criterios universitarios fundamentales?

Tamaño de la población estudiantil. ¿Desea su estudiante asistir a una universidad muy pequeña de menos de 2.000

estudiantes, a una universidad pequeña de 2.000 a 5.000 estudiantes, a una universidad mediana de 5.000 a 10.000 estudiantes, a una universidad grande de 10.000 a 20.000 estudiantes o a una universidad extragrande de más de 20.000 estudiantes? Las universidades pequeñas suelen ofrecer clases tipo seminario (los estudiantes y el profesor se reúnen alrededor de una mesa para discutir el tema del día) durante los cuatro años. Los campus más grandes suelen tener cursos de estilo conferencia de 100 estudiantes o más para las clases básicas en los primeros y segundos años del estudiante. En las universidades más pequeñas, los estudiantes probablemente conocerán a la mayoría de los otros estudiantes del campus y pueden llegar a conocer a sus profesores bastante bien; en las universidades más grandes, tendrán su grupo de amigos pero se encontrarán constantemente con caras nuevas y puede que tengan que hacer un esfuerzo adicional para conocer a los miembros de la facultad.

Instalaciones del campus. ¿Quiere el estudiante un campus claramente delimitado (es decir, que sepa cuándo entra en el campus y cuándo no)? ¿O le parece bien una universidad con edificios dispersos en un pueblo o ciudad? ¿Es importante tener un patio con césped y edificios cubiertos de hiedra? ¿Necesita el estudiante opciones especiales de comida en el campus, como vegana, sin gluten, kosher, etc.? ¿Y un gimnasio bien equipado donde los estudiantes puedan hacer ejercicio para aliviar el estrés y mantenerse sanos?

La cultura del campus. ¿Los estudiantes de una determinada universidad son muy inteligentes y se dedican a discutir temas intelectuales hasta altas horas de la noche? ¿O la mayoría de los estudiantes "trabajan mucho y juegan mucho," dejando de lado los estudios durante los fines de semana para divertirse? ¿Está el campus compuesto por estudiantes muy religiosos de una u otra creencia, o la religión no es un aspecto clave de la universidad? ¿Es el campus amigable con el colectivo LGBTQ, y esto le importa al estudiante? ¿Son importantes para el estudiante la diversidad racial y socioeconómica entre el alumnado? ¿Son los estudiantes de la universidad competitivos entre sí para obtener las mejores calificaciones, o hay más bien un sentido de cooperación y colaboración? ¿Hay un fuerte énfasis en el servicio a la comunidad en el campus, y se alinea con lo que su estudiante valora? ¿Los estudiantes del campus buscan el crecimiento intelectual por el bien del aprendizaje, o se centran en lo que necesitan aprender para lanzar sus carreras, o alguna combinación de ambos? ¿Cuál es la actitud general de los estudiantes y cuál es el ambiente en el campus?

El deporte. Para algunos estudiantes, asistir a grandes partidos de fútbol y animar al equipo local es una parte central de su imagen de lo que significa ser un estudiante universitario. A otros les da igual que haya una cultura deportiva en el campus. Algunos quieren poder practicar su deporte en un equipo intercolegial o, al menos, participar en deportes internos.

La vida fraternal. Algunos estudiantes están ansiosos por unirse a una fraternidad o hermandad; otros estudiantes están igual de ansiosos por evitar unirse a una fraternidad o hermandad. Algunos pueden tomarlo o dejarlo. En cualquier caso, es importante saber cuál es el papel de la vida griega en cada campus y si se ajusta a las opciones ideales del estudiante para su vida social.

Ajuste académico. ¿Es probable que su estudiante sea uno de los mejores estudiantes de la universidad o es más probable que esté en medio del grupo? Si tiene planes para estudiar medicina o derecho, tener un alto promedio universitario será una parte crítica de esas solicitudes, por lo que es una buena idea considerar dónde el estudiante puede desafiarse a sí mismo sin ahogarse en la carga de trabajo académico.

Entre ellos, ¿cuáles son los más importantes para el estudiante y cuáles los menos? Por ejemplo, ¿es la ubicación a menos de 200 millas de su casa un criterio más importante para ese estudiante que si hay o no una fuerte vida fraternal? La priorización de estos parámetros ayudará a definir la lista del estudiante.

Para ayudar a pensar en algunos de estos factores con su estudiante, ofrezco una hoja para imprimir gratis a la que puede acceder en https://www.CollegePrepCounseling.com/resources/.

INTRODUCIR LOS FACTORES EN UNA BASE DE DATOS DE BÚSQUEDA DE UNIVERSIDADES

Una vez que tenga una idea clara de lo que el estudiante quiere estudiar (o haya determinado que el estudiante se presentará indeciso) y qué criterios son importantes para él en una universidad, puede dirigirse a una base de datos de búsqueda de universidades para obtener una lista de universidades. Con mis clientes, introduzco sus criterios y preferencias en un programa informático diseñado específicamente para que los consejeros universitarios lo utilicen con sus estudiantes, y seguimos refinando o ampliando la búsqueda hasta que obtenemos entre 25 y 40 universidades que el estudiante puede empezar a investigar en profundidad. Los clientes de mis cursos online también tienen acceso a este software y pueden introducir sus criterios para realizar las búsquedas.

Si usted y su estudiante están resolviendo esto por su cuenta, hay algunos motores de búsqueda universitarios gratuitos que pueden ser útiles.

BigFuture® del College Board® (collegesearch.collegeboard. org/home) permite buscar por especialidad, ubicación, tipo de escuela o vida en el campus. Una vez que haya hecho una búsqueda basada en una de esas opciones, puede añadir otros criterios para precisar la búsqueda.

Cappex (Cappex.com) tiene un filtro que me parece fácil de navegar. Comienza con el tamaño de la población estudiantil, la especialidad y la ubicación. Me gusta que también ofrezca una forma de clasificar por el precio neto (la cantidad media que las familias pagan después de la ayuda financiera) en lugar de basarse únicamente en el precio de etiqueta. En el próximo capítulo trataré más a fondo estas consideraciones fundamentales: las finanzas y el costo.

College Navigator de NCES, el Centro Nacional de Estadísticas Educativas (https://nces.ed.gov/collegenavigator/), es una herramienta útil aunque la interfaz de usuario parezca no haber sido actualizada desde el cambio de milenio. Asegúrese de hacer clic en "más opciones de búsqueda" en la barra de navegación de la izquierda para abrir las opciones de tamaño de la población escolar, porcentaje de solicitantes admitidos, etc. Y deje la opción del código postal en blanco, a menos que sólo quiera ver las universidades situadas en un radio de 250 millas o menos de ese código postal, o puede especificar las millas en el menú desplegable "millas de" a la derecha de la entrada del código postal. La información sobre el "precio neto," desglosada por rangos de ingresos familiares, es especialmente útil en este sitio, una vez que se profundiza en una universidad específica. En otras palabras, ¿cuál es la cantidad media que las familias de su grupo de ingresos pagan de su bolsillo para que un estudiante asista a esa universidad?

Luego están las guías impresas, en particular la *Fiske Guide to Colleges* que se publica anualmente, y un libro menos conocido pero increíblemente útil, *Colleges Worth Your Money: A Guide to What America's Top Schools Can Do for You.*

Yo recomiendo a mis alumnos que hagan un seguimiento de la información de la universidad utilizando una hoja de cálculo en la que aparezca el nombre de la universidad, la ciudad y el estado en el que se encuentra, si es una institución pública o privada, el tamaño de la población estudiantil de grado y total, la tasa de aceptación más reciente, las calificaciones medias del SAT®/ACT® y la tasa de graduación de cuatro años.

Se puede ahorrar horas de trabajo descargando la versión gratuita de esta hoja de cálculo que mi equipo ha rellenado previamente con esta información para unas 200 de las universidades más populares de los Estados Unidos. Puede acceder a ella en https://www.CollegePrepCounseling.com/resources.

La tasa de graduación de cuatro años de la universidad es el porcentaje de estudiantes que terminan su carrera en cuatro años. Aunque se trata de una cifra fundamental, las universidades regularmente sólo facilitan su tasa de graduación de seis años. Pero yo no quiero que ninguno de mis clientes tarde seis años en graduarse. Quiero saber qué porcentaje de estudiantes están terminando en cuatro años (por eso está incluido en mi hoja de cálculo precargada). También puede encontrar esto por su cuenta con una búsqueda en Google (por ejemplo, "Oberlin College four-year graduation rate") o consultando el conjunto de datos comunes de la universidad, del que hablaré con más detalle en el próximo capítulo. Si una universidad de la lista tiene una tasa de graduación de cuatro años inferior al 50%, me gustaría que el estudiante tuviera una razón muy convincente para que esa universidad siguiera en la lista.

El objetivo del estudiante para esta primera pasada debería ser llegar a 25 ó 40 universidades que luego investigará más a fondo para ver cuáles podrían entrar en su lista final de 10 a 16 universidades.

MANTENER LA MENTE ABIERTA

Es posible que la universidad perfecta para su estudiante sea una de la que usted nunca ha oído hablar, así que intente mantener la mente abierta. El conocimiento de las universidades tiende a ser algo regional, ya que las familias conocen las universidades más importantes del país, pero están menos familiarizadas con las universidades que están fuera de su zona. Una estudiante de Maine aceptó una oferta de admisión del Instituto Tecnológico de California (Caltech). Sus amigos se mostraron decepcionados porque daban por hecho que iría al MIT y que Caltech "no debía ser buena porque nunca habíamos oído hablar de ella." Sencillamente, no sabían que Caltech es tan increíble como el MIT y que, para esta estudiante, era la mejor opción.

Uno de mis alumnos de California estaba decidido a estudiar empresariales, así que le sugerí Babson, una universidad de unos 3.000 estudiantes en Massachusetts que se centra en los negocios y el espíritu empresarial. Al principio, la familia no estaba abierta a esa opción porque nunca había oído hablar de ella, pero tras investigar más, se convirtió en una de las principales opciones. He recibido una respuesta similar de otras familias cuando les he recomendado el Carleton College. Es una escuela fabulosa en Minnesota que la mayoría de mis familias de la Costa Este y la Costa Oeste no conocen mucho (la considero una joya oculta).

Hay otros lugares en los que se puede buscar más información sobre las universidades de las que nunca se ha oído hablar. El sitio web Niche.com ofrece un sistema familiar de clasificación por letras (de la A a la F) para los estudios universitarios, la diversidad, el deporte, el campus, el ambiente de diversión y el valor general. Además, cuenta con un espacio en el que los estudiantes actuales pueden comentar los pros y los contras de su universidad.

Si busca datos más objetivos, el sitio web del Center on Education and the Workforce de la Universidad de Georgetown (https://cew.georgetown.edu/cew-reports/CollegeROI/) examina el rendimiento de la inversión (ROI) en 4.500 universidades de EE.UU. Sin embargo, esto se basa en gran medida en la información financiera y salarial de los graduados, que es sólo un aspecto a tener en cuenta al evaluar una universidad.

CollegeNet ofrece un Índice de Movilidad Social (https://www.socialmobilityindex.org/)que "se centra directamente en los factores que permiten la movilidad económica," según su sitio web. "¿En qué medida una universidad educa a más personas económicamente desfavorecidas... con una colegiatura más baja para que se gradúen en trabajos bien remunerados? Las universidades que mejor lo hacen se clasifican mejor según el SMI [Índice de Movilidad Social]." Los criterios incluyen el porcentaje de la población estudiantil con bajos ingresos, la calificación de la graduación, el salario medio al inicio de la carrera, la deuda media por graduado, y más. Las universidades aparecen en la lista del SMI desde un máximo de 379 hasta un mínimo de cero.

PUNTOS CLAVE

1. Empiece con el estudiante, no con una lista de clasificaciones de universidades.
2. Ayude al estudiante a determinar sus prioridades universitarias: la materia o el área que quiere estudiar y los criterios que son importantes para él. Consulte la tasa de graduación a los cuatro años. Utilice estos factores para reducir la lista de 25 a 40 universidades.
3. Mantenga la mente abierta. Una universidad de la que no ha oído hablar puede resultar ser la más adecuada para su estudiante.

2

El Papel de las Finanzas

Cuando el estudiante haya elaborado esa lista de 25 a 40 universidades, es el momento de examinar más detenidamente el panorama financiero. Me gustaría que determinara, desde el principio, antes de que la lista de universidades del estudiante esté terminada, cuál de esas universidades es razonablemente accesible para su familia una vez que se tengan en cuenta la ayuda financiera basada en la necesidad y las becas promedio por mérito. Si el costo de una universidad va a retrasar su jubilación durante 10 o 20 años más, o va a cargar a su estudiante con préstamos hasta que tenga 40 años, elimine esa universidad de la lista del estudiante ahora mismo, antes de que envíe la solicitud.

No puedo recalcar lo suficientemente importante que es para los padres entender los fundamentos de cómo funciona la ayuda financiera y luego hacer que el estudiante solicite sólo las universidades que tienen una lógica financiera para su familia. Esto es más complicado que simplemente ver el costo de la colegiatura o incluso el "precio de etiqueta" de una universidad. La cantidad que acabe pagando se reduce a la oferta de ayuda financiera y de mérito de cada universidad *para su estudiante individual,* no al costo de asistencia publicado.

Mi hermana me contó una historia de su pequeña ciudad de la Costa Este en la que una madre preguntó en Facebook, en el verano anterior a que sus gemelos fueran a la universidad, si alguien conocía un buen banco para un préstamo universitario. Al parecer, esa familia no había pensado en cómo pagar la educación de sus hijos hasta tres meses antes de que los chicos se fueran al campus, y ahora estaban en modo de pánico. No quiero en absoluto que eso te ocurra a ti.

No soy ni contador público ni planificador financiero certificado, pero haré todo lo posible por explicar los aspectos básicos del funcionamiento de la ayuda financiera. Le recomiendo que consulte con un experto en ayuda financiera universitaria para obtener asesoramiento personalizado sobre este proceso (pocos contadores públicos tradicionales y planificadores financieros conocen los matices de la ayuda financiera universitaria). He descubierto que los asesores expertos con frecuencia pueden ahorrar a las familias 10 veces o más el costo de sus servicios, y pueden rellenar los formularios de ayuda financiera que provocan dolores de cabeza a la familia, o al menos revisar el trabajo para ayudar a las familias a evitar errores comunes.

En cualquiera de los casos, la mayoría de los padres toman uno de los dos caminos cuando piensan en las finanzas en relación con el pago de la educación universitaria de sus hijos adolescentes: el camino de la "sorpresa desagradable" o el camino del "encontraremos la manera." Pero ambos pueden conducir a décadas de exceso de deuda, retraso en la jubilación y pérdida de oportunidades de obtener importantes cantidades de dinero gratis de las universidades.

SORPRESA DESAGRADABLE

En el primer caso, los padres se fijan en el precio de etiqueta de la universidad y, si la cantidad está fuera de su alcance, simplemente deciden que el estudiante no debe solicitarla. El precio de etiqueta, también conocido como " Costo de Asistencia" (COA), es el costo total de enviar a un estudiante a esa universidad durante un semestre o un año. Incluye no sólo la colegiatura y las cuotas, sino también el alojamiento y la comida (regularmente llamados "alojamiento y comida"), las cuotas de las actividades estudiantiles, los libros, el transporte y más. Es el costo total de enviar a un estudiante a esa universidad. Puedes encontrar esta cifra para cualquier universidad haciendo una búsqueda en Internet como "Lafayette College Cost of Attendance" o "Chapman University Cost of Attendance." Aquí está un resumen de lo que encontré durante una rápida búsqueda en línea para el COA de Chapman:

Desglose del Costo de Asistencia

La matricula y las cuotas se basan en una inscripción a tiempo completo de 12 a 18 créditos. Se aplicarán cargos adicionales a los estudiantes matriculados en más de 18 créditos por semestre. El seguro médico no se incluye automáticamente en el Costo de Asistencia.

Costo de Asistencia de Pregrado 2022-2023		Con Padres o Familiares	Fuera de Campus	En Campus	En el Campus: Estudiante de Primer Año Primera Vez
Cuotas de Matricula		$ 60,288	$ 60,288	$ 60,288	$ 60,288
	Centro de Bienestar	$ 244	$ 244	$ 244	$ 244
	Cuota del Alumnado Asociado	$ 140	$ 140	$ 140	$ 140
Libros y Material		$ 1,600	$ 1,600	$ 1,600	$ 1,600
Habitación		$ 4,266	$ 10,640	$ 13,876	$ 11,362
Consejo		$ 2,466	$ 3,884	$ 5,592	$ 5,592
Personal		$ 2,000	$ 2,000	$ 2,000	$ 2,000
Transporte		$ 2,000	$ 2,000	$ 1,250	$ 1,250
Comisiones de préstamo		$ 70	$ 70	$ 70	$ 70
Total		$ 73,074	$ 80,866	$ 85,060	$ 82,546

Los padres que ven el resultado final de entre 73.000 y 82.000 dólares al año de costo total pueden pensar: "No podemos pagar eso," y dirigir a su estudiante a una universidad con un precio de etiqueta menos caro. Pero, ¡espere! Es muy posible que algunas universidades privadas resulten significativamente menos costosas para esa familia, y tal vez incluso menos costosas que una universidad estatal, después de tener en cuenta la ayuda financiera. Esa es la parte que muchas familias pasan por alto: muchos estudiantes que podrían recibir ayuda financiera terminan por no solicitar las universidades que más podrían ayudarles.

ENCONTRAREMOS LA MANERA

El segundo camino que a veces toman las familias es el de "Aplica donde quieras, y encontraremos la manera de que funcione." Piensan que enviar a su hijo a la "mejor" universidad valdrá la pena pedir decenas de miles de dólares en préstamos, siempre y cuando ofrezca a su hijo la oportunidad de ir a una universidad que creen que les ayudará a lanzarse a una carrera de éxito. Esto puede llevar a años de deudas y a posponer acontecimientos vitales importantes como la jubilación (para los padres) o la compra de una casa o la formación de una familia (para el estudiante).

—————— Consejo profesional ——————

Todo el mundo debería rellenar los formularios para solicitar ayuda financiera, incluso las familias que piensan que sus ingresos son tan elevados que no hay forma de que cumplan los requisitos. ¿Por qué? Si algo le sucede a los ingresos de la familia (como el cierre de COVID o una enfermedad, muerte o discapacidad inesperada en la familia), el estudiante ya estará en el sistema de ayuda financiera para que su situación pueda ser revisada para un ajuste. Además, en algunas universidades, los estudiantes no serán considerados para recibir ayuda por mérito -es decir, dinero gratuito, independientemente de que la familia necesite o no la ayuda- si no entregaron los formularios básicos de ayuda financiera. He visto a familias sin necesidad económica llevarse más de 100.000 dólares en becas por mérito para su estudiante en cuatro años. ¿Quién no querría eso?

LOS PEORES ERRORES

Los estudiantes tienen que entender lo importante que es, si empiezan la universidad y piden dinero prestado, terminar la universidad y obtener su título. Algunas de las peores situaciones financieras relacionadas con el costo de la universidad surgen cuando los estudiantes comienzan la universidad, se endeudan para pagarla y luego no terminan su título. Todavía tienen que pagar la deuda, pero no obtienen el aumento de sueldo que puede venir con un título universitario.

El segundo peor error es que el estudiante deambule por la universidad, cambiando de carrera con tal frecuencia que no pueda completar su título en cuatro años, mientras los gastos y la deuda siguen acumulándose. Una buena regla general: asegúrese de que su estudiante entienda que su objetivo es graduarse a tiempo con la menor deuda posible.

Otra regla general, esta vez del experto en ayuda financiera Mark Kantrowitz, es: el estudiante nunca debe pedir prestado más para su título universitario de lo que cree que ganará en su primer año de trabajo. Por ejemplo, si un estudiante planea convertirse en profesor con un salario inicial de 45.000 dólares al año, entonces no debería pedir prestados más de 45.000 dólares para pagar cuatro años de universidad.

Otro obstáculo que hay que evitar: algunas universidades, en particular las estatales, tienen tasas de graduación de cuatro años abismales, en las que sólo entre el 15% y el 50% de los estudiantes que empiezan como novatos se gradúan en cuatro años. Esto hace que las familias tengan que pagar años adicionales de universidad para que el estudiante obtenga su título de grado y, esencialmente, anula cualquier ahorro que pudieran haber realizado al asistir a una universidad estatal con un precio de etiqueta menos caro.

Además, no deje que su estudiante se olvide de averiguar cuáles son las universidades que aceptan créditos por los cursos de Advanced Placement®, International Baccalaureate® y de doble matrícula tomados en la escuela preparatoria. He trabajado con muchos estudiantes que han utilizado los créditos de este tipo de cursos para empezar la universidad en segundo año y graduarse en tres años. Eso puede ahorrar un año entero de colegiatura, alojamiento, comida y otros gastos.

LA FORMA CORRECTA DE HACER LOS NÚMEROS

Existe realmente una forma correcta de hacer los cálculos de los costos universitarios, pero se necesita un poco de determinación y trabajo de detective para averiguarlo. Dado que podría ahorrarle decenas o incluso cientos de miles de dólares en el transcurso de los cuatro años de educación de su estudiante, vale la pena dedicar tiempo a realizar los cálculos. Piénselo así: Si usted pasa 20 horas investigando estos cálculos para ayudar a dar forma a la lista de universidades de su estudiante y ese estudiante termina ahorrando 80.000 dólares en cuatro años, entonces, en esencia, le han pagado 4.000 dólares por hora por pasar ese tiempo haciendo la investigación. ¡Whoo hoo!

Una de mis familias, con ingresos de más de 200.000 dólares al año, hizo esto y elaboró una lista en la que su estudiante no sólo era prácticamente seguro para ser admitido (sus notas y resultados de los exámenes eran mucho más altos que los del promedio de los estudiantes admitidos), sino que sabíamos que podría optar a muchas becas. Fue admitido en todas las universidades a las que se presentó y ahora asiste a una universidad en la que recibe una beca por mérito de 55.000 dólares al año, lo que hace que el costo de su universidad privada sea más o menos el mismo que le habría costado asistir a su universidad estatal.

CALCULAR LA NECESIDAD FINANCIERA DE SU ESTUDIANTE EN UNA UNIVERSIDAD ESPECÍFICA

Ya he mostrado cómo encontrar el Costo de Asistencia en cualquier universidad en particular (busque "Costo de Asistencia" con el nombre de la universidad). A continuación, busque "Net Price Calculator" o "Net Cost Calculator" con el nombre de la universidad. Se trata de formularios web que le permiten calcular el costo neto de esa universidad para su familia. Suelen pedir el promedio de calificaciones del estudiante, el año de estudio, si el estudiante es de primera generación (estudiantes cuyos padres no obtuvieron un título universitario), la edad del estudiante y los ingresos de los padres declarados en sus impuestos del año más reciente.

La mayoría pedirá los ingresos y activos del padre o los padres y los ingresos y activos del estudiante (si los hay). Los activos incluyen cheques, ahorros, dinero en efectivo, cuentas de ahorro universitario 529 (un plan 529 es una cuenta de inversión que ofrece beneficios fiscales cuando se utiliza para pagar gastos de educación calificados para un beneficiario designado) a nombre del estudiante o de los padres, fondos de inversión, acciones, fideicomisos y propiedades de inversión. Cuando la calculadora le pida el total de sus activos, no incluya el capital de su residencia principal ni el valor de sus cuentas de jubilación entre sus activos, a menos que el formulario de la calculadora los pida específicamente.

Al introducir toda esta información se generará un estimado (no una oferta final) de lo que puede esperar que sea su paquete de ayuda financiera en esa universidad. La "ayuda de autoayuda" se refiere a los préstamos o al trabajo-estudio (donde el estudiante encuentra un trabajo en el campus para ayudar a compensar los gastos). Lo que busca es el " costo neto estimado," que es la mejor estimación de lo que su familia tendría que pagar de su bolsillo para enviar a su estudiante a esa universidad durante un año (o un semestre, dependiendo de cómo esté configurada la calculadora). *Esa* es la cifra que debe utilizar para decidir si una determinada universidad es accesible para su familia.

LA FAFSA®: SOLICITUD GRATUITA DE AYUDA FEDERAL PARA ESTUDIANTES

El formulario principal que las familias deben rellenar para determinar su elegibilidad para la ayuda financiera se llama FAFSA®-la Solicitud Gratuita de Ayuda Federal para Estudiantes. Las familias pueden empezar a llenar la FAFSA a partir del 1 de octubre del último año del estudiante (aunque debería saber qué contiene y cómo planificarlo mucho antes). Puede encontrar el sitio web de FAFSA buscando "FAFSA Application" en Internet. Sin embargo, tenga cuidado; asegúrese de que el sitio web que encuentre tenga un nombre ."gov" y no ."com" para asegurarse de que es el sitio correcto.

Llenar la FAFSA genera algo llamado Informe de Ayuda Estudiantil, y en ese informe hay un dato fundamental llamado el SAI, o "Índice de Ayuda Estudiantil." El SAI es la cantidad que el gobierno federal cree que su familia puede permitirse contribuir, anualmente, a la educación universitaria de su hijo. Desafortunadamente, la mayoría de las familias están consternadas y asombradas por su SAI, que ven como una cantidad mucho más alta de lo que realmente pueden pagar. En 2022, los cambios en la FAFSA incluyeron el cambio de nombre del SAI, que solía llamarse EFC (o "Expected Family Contribution"). Es posible que siga viendo el término "EFC" en los portales de las universidades. Sólo sepa que es lo mismo que el SAI.

En mi curso de ayuda financiera, enseño a los padres los detalles de los activos que la FAFSA tiene en cuenta y los que no. En algunos casos, las familias pueden trasladar legal y éticamente sus activos de una categoría que se incluye en la FAFSA a una categoría que no se tiene en cuenta, lo que potencialmente reduce su SAI y les ayuda a calificar para más ayuda basada en la necesidad.

En el caso de las parejas divorciadas o separadas, solía ocurrir que la familia declaraba los ingresos y bienes del progenitor que tenía la mayor custodia. Pero la política está cambiando con los formularios FAFSA para el año académico 2023-2024 (es decir, los formularios que los padres de los estudiantes de la clase de 2023 rellenarán en octubre de 2022). Los formularios ahora piden a la familia que informe de los ingresos y bienes del padre que más dinero aporta para mantener al estudiante, tenga o no ese padre más custodia.

El SAI es sólo el punto de partida para la ayuda financiera. Cada universidad tomará el SAI y lo someterá a sus propios cálculos para determinar qué ayuda institucional ofrecerá y cuánto le costará la universidad a su familia.

EL CSS FINANCIAL AID PROFILE® (PERFIL DE AYUDA FINANCIERA)

Alrededor de 250 universidades, entre las que se encuentran algunas de las más selectivas del país (las que tienen una tasa de admisión del 20% o menos), han decidido que la información de la FAFSA es insuficiente. Quieren más, y lo consiguen exigiendo a las familias que rellenen un segundo formulario de ayuda financiera llamado CSS Financial Aid Profile® *además de* la FAFSA. Este perfil examina con más detalle las finanzas de la familia (incluidas las cuentas de jubilación y el patrimonio de la vivienda familiar, dos factores que no se tienen en cuenta en la FAFSA). Este mayor detalle puede ser útil si la familia tiene, por ejemplo, gastos médicos elevados para un abuelo anciano que vive en la casa.

Sin embargo, la información adicional reportada en el CSS Financial Aid Profile puede ser problemática para algunas familias, particularmente para los estudiantes cuyos padres no viven juntos y están separados, divorciados o nunca estuvieron casados. Para estas familias, la mayoría de las universidades públicas (las que sólo piden la FAFSA) sólo requieren los ingresos y bienes de uno de los padres en la documentación de ayuda financiera. Si los padres están casados o viven juntos, deben informar de ambos.

No obstante, la mayoría de las universidades del CSS Financial Aid Profile también quieren saber los ingresos y los bienes del segundo progenitor, y esto puede cambiar por completo el panorama de la ayuda financiera para un estudiante cuyos padres ya no están juntos. Si busca "CSS Financial Aid Profile Schools" en la web, encontrará una lista de las universidades que exigen estos formularios.

Para muchas de las familias de mis clientes en las que los padres del estudiante ya no están juntos, el costo de asistir a una de las escuelas del CSS Financial Aid Profile que requiere la presentación de informes del padre sin custodia es mucho mayor.

¿Por qué? Porque se basa el cálculo de la ayuda financiera en los ingresos de dos padres y en dos conjuntos de activos de los padres, en lugar de los ingresos y activos de un solo padre. En algunos casos, esas universidades son mucho más caras que mis clientes simplemente las quitan de la lista desde el principio.

Desafortunadamente, las universidades que requieren el CSS Financial Aid Profile incluyen todas las escuelas de la Ivy League, además de muchas otras universidades privadas de alto rango. Si usted está divorciado o separado y tanto usted como su ex-cónyuge tienen ingresos y/o activos, entonces el precio será probablemente mucho más alto en estas universidades que si su estudiante aplicó a las universidades que tienen en cuenta sólo los ingresos y activos de uno de los padres. Haga los cálculos y entonces podrá decidir si cree que esas universidades merecen ese costo adicional. (Recuerde: esto es sólo para los padres separados o divorciados; los padres casados -o los que viven juntos independientemente de su estado civil- tienen que informar de sus ingresos y bienes dobles sea como sea).

Aproximadamente un tercio de las 242 universidades del CSS Financial Aid Profile no requieren información del padre sin custodia. Puede buscarlas en la página del listado del CSS Financial Aid Profile encontrando la columna "CSS Profile-Noncustodial Parent" en la parte superior de la página y poniendo el menú desplegable en "no." (Si no ve esos menús desplegables en la página, intente utilizar un navegador diferente como Chrome).

En resumen: los padres separados, divorciados o que nunca se han casado deben investigar en cada universidad para saber si sólo hay que declarar los ingresos y bienes de uno de los padres o si hay que declarar los ingresos y bienes de ambos. Si la contribución esperada de la familia, una vez calculada la ayuda basada en la necesidad y la ayuda basada en el mérito, está fuera del alcance cuando se incluyen ambos ingresos, entonces las universidades que requieren la declaración de ambos deben ser eliminadas de la lista del estudiante.

———— Consejo profesional ————

Si está pensando en volver a casarse (o su ex-cónyuge lo está haciendo), los ingresos y bienes del nuevo cónyuge se convierten en un elemento a tener en cuenta en los cálculos de la ayuda financiera. Recuerde que si los padres del estudiante están separados o divorciados o nunca estuvieron casados y no viven juntos, entonces, en la FAFSA, sólo uno de esos padres tiene que reportar sus ingresos y bienes. Si ese progenitor se vuelve a casar, entonces los ingresos y bienes de ese nuevo cónyuge también deben ser declarados. No importa si el nuevo cónyuge quiere o no contribuir o si han firmado un acuerdo prenupcial que establece que el nuevo padre no contribuirá. Por supuesto, el nuevo cónyuge no está obligado a contribuir, pero sus ingresos y bienes se tendrán en cuenta y eso podría alterar el panorama de la ayuda financiera para el estudiante.

NEGATIVA DE LOS PADRES A PARTICIPAR

¿Qué pasa si usted, como padre, simplemente declara que no quiere pagar los costos universitarios de su estudiante, significa que el estudiante tendrá derecho a más ayuda? No. Que usted decida o no ayudar a financiar la educación de su estudiante es irrelevante para las universidades. Ellos calcularán la oferta de ayuda financiera asumiendo que usted ayudará, y si decide no hacerlo, entonces su estudiante tendrá que encontrar otra manera de pagar esa parte de los costos.

AYUDA BASADA EN LA NECESIDAD

Todos estos formularios de ayuda financiera ayudan a las universidades a determinar si usted puede pagar por completo su costo de asistencia, o si hay una diferencia entre los costos de la universidad y lo que su EFS dice que puede pagar. Esa diferencia es la ""necesidad"" de cada universidad. Y aquí es donde encontramos que algunas universidades privadas pueden resultar, de hecho, menos caras que algunas universidades públicas. Así es como funciona.

Supongamos que una familia de California tiene un SAI de 25.000 dólares y que el estudiante solicita plaza en UC Davis, Cal State University Channel Islands (CSUCI), Georgia Tech (una universidad pública de Georgia por la que este estudiante tendrá que pagar una colegiatura adicional como estudiante de fuera del estado) y Rensselaer Polytechnic Institute (RPI, una universidad privada de Troy, Nueva York). El cálculo es básicamente "Costo de Asistencia menos SAI = cantidad de necesidad para esa familia."

COA menos SAI = Importe de la Necesidad

	UC Davis	CSUCI	Georgia Tech	RPI
COA	$37,604	$27,952	$50,610	$77,763
EFC (SAI)	$25,000	$25,000	$25,000	$25,000
Necesidad:	$12,604	$2,952	$25,610	$52,763

En otras palabras, la familia tiene una "necesidad" de 12.604 dólares de ayuda financiera para pagar la UC Davis; 2.952 dólares de ayuda para asistir a la CSUCI; 25.610 dólares de ayuda para asistir a Georgia Tech; y 52.762 dólares de ayuda para asistir a RPI. Eso es lo que necesitan en cada universidad.

Sin embargo, esto es lo más importante. Si CSUCI cubriera esa necesidad de 2.952 dólares ofreciendo un préstamo, mientras que RPI ofreciera una beca completa por 52.763 dólares, entonces de repente la universidad privada de 77.000 dólares acabaría costando a esa familia menos que la universidad pública. Y por eso es un error fijarse sólo en el costo de la asistencia. Por supuesto, una beca completa de RPI es muy poco probable, pero el SAI de la familia -aquí, 25.000 dólares al año- es el mismo independientemente del costo de asistencia de cada universidad, y los costos de bolsillo para la familia se reducen a las ofertas de ayuda financiera específicas de cada universidad.

Si otra familia tuviera un EFS de 100.000 dólares, su "necesidad" en cualquiera de estas cuatro escuelas sería cero. No tendrían derecho a ninguna ayuda basada en la necesidad porque su EFS es superior al costo de la asistencia en cada una de estas escuelas.

AYUDAS BASADAS EN EL MÉRITO

La ayuda basada en los méritos es el otro tipo de ayuda importante que ofrecen muchas universidades, y no tiene nada que ver con los ingresos o el patrimonio familiar (y frecuentemente no se incluye en las calculadoras de precio neto). Las ayudas por méritos, como su nombre indica, se basan en el mérito. A un estudiante se le puede ofrecer una beca por méritos en una universidad simplemente para atraerlo a inscribirse en esa universidad. ¿Por qué iba a ofrecer eso una universidad? O bien el alto promedio de calificaciones del estudiante y/o los resultados de los exámenes ayudarán a elevar el promedio de la universidad (ayudando así a subir en el juego de las clasificaciones universitarias), o la universidad espera atraer a los estudiantes de pago completo para que se inscriban ofreciéndoles esencialmente un descuento en forma de ayuda por mérito. Las becas deportivas y de artes escénicas son otro tipo de ayuda por mérito que puede ofrecerse a los estudiantes.

Sin embargo, hay que tener en cuenta que no todas las universidades ofrecen ayudas al mérito. En particular, las ocho universidades de la Ivy League no ofrecen ni un centavo de dinero por mérito a ningún estudiante. Son muy generosas con sus ayudas basadas en las necesidades (de hecho, la mayoría no incluyen ningún préstamo en sus paquetes de ayuda financiera), por lo que para los estudiantes con grandes necesidades que son aceptados, es una ganga increíble. Pero las familias con mayores ingresos que esperan que las ayudas por méritos puedan ayudar a compensar los costos de una educación en la Ivy League se verán decepcionadas.

EL CONJUNTO DE DATOS COMUNES

¿Cómo puede saber si las universidades que su estudiante está considerando ofrecerán ayudas por mérito (y, si lo hacen, cuán generosas podrían ser)? Consulte la sección H2A del Conjunto de Datos Comunes. Sí, veo que se le han puesto los ojos en blanco. Quédese conmigo mientras nos adentramos en la maleza, ya que esta es la parte que puede ayudarle a decidir si una universidad debe entrar en la lista final de su estudiante.

Casi todas las universidades publican sus principales estadísticas de admisión en un banco de datos llamado Conjunto de Datos Comunes. Es un tesoro de información sobre cada universidad y sus prácticas de admisión. Usualmente se puede encontrar el Conjunto de Datos Comunes de cualquier universidad simplemente haciendo una búsqueda en Internet del nombre de la universidad y "Conjunto de Datos Comunes." Estos informes se actualizan anualmente, así que intenta encontrar la versión más reciente. Para facilitar aún más su búsqueda, mi equipo ha creado una hoja de cálculo de ayuda financiera que no sólo incluye un enlace directo al Conjunto de Datos Comunes para casi 200 universidades, sino que está precargada con columnas que indican si la universidad es pública o privada, qué formularios de ayuda financiera requieren, la cantidad promedio de ayuda por mérito y el porcentaje de estudiantes a los que se les ofrece ayuda por mérito para esas universidades. Puede acceder a esa hoja de cálculo a través de los recursos de este libro en https://www.CollegePrepCounseling.com/resources.

Veamos un ejemplo. El conjunto de datos comunes de cada universidad sigue un formato estándar, empezando por las secciones A, B, C, etc. Los datos sobre la ayuda financiera se encuentran en la sección H. La sección H2 da cifras sobre la ayuda basada en la necesidad (número de estudiantes que solicitaron, número de estudiantes que realmente tuvieron necesidad, número de estudiantes cuya necesidad fue totalmente cubierta, etc.).

La sección de ayudas por mérito se encuentra en la parte A de la sección H2, que ofrece detalles sobre el "Número de estudiantes inscritos a los que se les han concedido becas y ayudas no basadas en la necesidad," es decir, las ayudas por mérito. Los números serán diferentes para cada universidad, pero aquí hay un ejemplo de cómo se ve:

H2A Número de Estudiantes Inscritos a los que se han Concedido Becas y Subvenciones no Basadas en Necesidades: Indique el número de estudiantes universitarios a tiempo completo y a tiempo parcial que no tenían necesidades económicas y a los que se concedió una beca o subvención institucional no basada en las necesidades.

• Los números deben reflejar la cohorte a la que se concedieron los dólares indicados en H1.
• En el gráfico siguiente, los estudiantes pueden contarse en más de una fila.

		Primera vez Tiempo completo Estudiantes de primer año	Tiempo completo Licenciatura (Incl.Recién Titulados)	Menor que Tiempo completo Licenciatura
N	Número de estudiantes de la línea a que no tenían necesidades económicas y a los que se concedió una beca o subvención institucional no basada en las necesidades (excluye a los que recibieron premios deportivos y beneficios de matrícula).	241	1568	68
O	Importe promedio en dólares de las becas y subvenciones institucionales no basadas en las necesidades concedidas a los estudiantes de la línea n	$ 6,180	$ 5,104	$ 3,823
P	Número de estudiantes de la línea a a los que se concedió una beca deportiva institucional no basada en las necesidades por subvención	0	0	0
Q	Importe promedio en dólares de las becas y ayudas deportivas institucionales no basadas en las necesidades concedidas a estudiantes de la línea p			

Esta tabla nos dice que, en esta escuela en particular, hubo 241 estudiantes en esta clase de primer año que no tenían necesidad financiera y, sin embargo, se les concedió dinero por mérito. El promedio de ayuda por mérito para esos estudiantes fue de 6.180 dólares. En la fila P, nos enteramos de que ningún estudiante de esta universidad recibió becas deportivas.

Eso es bueno para los 241 estudiantes que recibieron dinero por mérito, pero ¿son 241 de cuántos estudiantes? Para ello, hay que desplazarse un poco hacia arriba en el Conjunto de Datos Comunes hasta el gráfico de la sección H2 y buscar en la Fila A:

-12 Número de estudiantes inscritos a los que se ha concedido ayuda: Indique el número de estudiantes universitarios a tiempo completo y a tiempo parcial que solicitaron y obtuvieron ayuda financiera de cualquier fuente.

- **Las ayudas que no se basan en las necesidades, pero que se utilizaron para satisfacerlas, deben contabilizarse como ayudas basadas en las necesidades.**
- Los números deben reflejar la cohorte a la que se concedieron los dólares indicados en H1.
- En el siguiente gráfico, los estudiantes pueden contarse en más de una fila, y los estudiantes de primer año

		Estudiantes de primer año a tiempo completo	Tiempo completo Licenciatura (Incl.Recién Titulados)	Menor que Tiempo completo Licenciatura
A	Número de estudiantes universitarios que solicitan titulación (CDS, punto B1 si se informa sobre la cohorte	5739	25696	917
B	Número de estudiantes de la línea a que solicitaron ayuda financiera en función de sus necesidades	3603	15564	461
C	Número de estudiantes de la línea b que han sido declarados con necesidades nancieras	2677	11995	322
D	Número de estudiantes de la línea c a los que se ha concedido alguna ayuda financiera	2526	11374	270
E	Número de estudiantes de la línea d a los que se concedió alguna beca o subvención en función de sus necesidades	2514	11287	248
F	Número de estudiantes de la línea d a los que se concedió alguna ayuda basada en la necesidad de autoayuda	1932	8391	151
G	Número de estudiantes de la línea d a los que se concedió alguna beca o ayuda no basada en las necesidades	160	684	13
H	Número de estudiantes de la línea d cuya necesidad se ha cubierto totalmente (excluidos los préstamos PLUS, los préstamos no subvencionados y los préstamos alternativos	309	1244	15
I	En promedio, el porcentaje de necesidad que se cubrió de los estudiantes a los que se concedió cualquier ayuda basada en la necesidad. Excluye cualquier ayuda que se concedió por encima de la necesidad, así como cualquier recurso que se concedió para reemplazar EFC (préstamos PLUS, préstamos sin subsidio y préstamos alternativos privados).	66.9%	62.2%	34.5%
J	El paquete de ayuda financiera promedio de aquellos en línea d. Excluir cualquier recurso que se concedió para reemplazar EFC (préstamos PLUS, préstamos sin subsidio y préstamos alternativos privados).	$ 41,094	$ 37,578	$ 14,351

Podemos ver que había 5.739 estudiantes en total en esta clase de primer año. Utilizando la división simple (241 de 5.739), obtenemos 0,042. Así pues, el 4,2% de los estudiantes recibieron dinero por méritos. Ese es un porcentaje muy pequeño de estudiantes, y la concesión promedio de méritos es bastante escasa también. Si su familia cuenta con la ayuda por mérito en lugar de la ayuda por necesidad para ayudar a pagar la universidad, es posible que desee considerar la eliminación de esta universidad de su lista.

Si usted tiene necesidad económica, esta escuela todavía no es muy útil. Lea las filas de la tabla H2. Nos dicen que 2.677 de los 5.739 estudiantes totales (el 47%) fueron determinados como necesitados. De ellos, 2.514 recibieron becas y ayudas por necesidad (es decir, dinero gratis). Pero sólo 309 estudiantes de esos 2.677 que tenían necesidades fueron atendidos en su totalidad. En promedio, esta escuela sólo satisface el 66,9% de las necesidades. Eso significa que un estudiante recibirá algo de dinero, pero no todo lo que realmente necesita para pagar esta universidad. Es probable que su familia tenga que pedir el resto en préstamos. El paquete de ayuda financiera promedio otorgado fue de 41,094 dólares, mientras que el costo de asistencia de esta universidad es de aproximadamente 77,000 dólares. ¿Qué se deduce de esto? Una universidad como esta sería una buena opción para las familias que no se preocupan por los costos; no es una buena opción, desde el punto de vista financiero, para las familias con necesidad, o para las familias con poca necesidad pero que quieren ayuda por mérito.

Comparemos esto con una de las escuelas conocidas por su generosidad en cuanto a la ayuda basada en la necesidad, el Dartmouth College. Según su Conjunto de Datos Comunes, tuvieron 1.221 estudiantes de primer año en 2021, y se determinó que 578 de esos estudiantes de primer año tenían necesidad financiera. En promedio, Dartmouth satisface el 100% de las necesidades de los estudiantes que se inscriben. Por lo tanto, de esos 578 estudiantes que se determinó que tenían necesidad, 564 recibieron becas o subvenciones por un valor de unos 60.000 dólares cada una, además de préstamos de unos 3.400 dólares por estudiante para ese año. Sin embargo, como es habitual en las ocho universidades de la Ivy League, Dartmouth no ofrece ningún dinero por mérito.

¿POR DÓNDE DEBERÍA EMPEZAR SU FAMILIA?

Ahora que entiende algunos de los fundamentos de la ayuda financiera para la universidad, comience por determinar su categoría general de ingresos en relación con los costos de la universidad: ¿tiene usted ingresos altos, bajos o están en el medio? En este caso, la definición de ingresos altos, medios y bajos se basa únicamente en la forma en que los ingresos son considerados por las universidades. No está relacionada con, por ejemplo, el nivel de pobreza federal. Su estrategia sobre cómo considerar los costos universitarios se basará en su respuesta a esa pregunta.

FAMILIAS CON ALTOS INGRESOS

Las familias con ingresos elevados son aquellas que pueden pagar el costo total de la asistencia a una universidad privada (más de 60.000 dólares) cada año sin ningún impacto significativo en sus finanzas cotidianas. Estas familias suelen tener unos ingresos de 300.000 dólares o más al año procedentes de su trabajo o de inversiones y unos activos correspondientemente elevados. Su EFC es superior al costo de la mayoría de las universidades, por lo que no tendrán derecho a la ayuda basada en la necesidad.

Aunque estas familias no suelen tener una necesidad demostrada de ayuda financiera, también es probable que alguna universidad les ofrezca una ayuda basada en el mérito para atraer al estudiante a inscribirse en su institución. Esto se debe a que las universidades necesitan asegurarse de llenar cada clase entrante. No llenar una clase significa una pérdida de ingresos por cada uno de los cuatro años que el estudiante habría asistido a la escuela, por lo que a las universidades les conviene hacer un pequeño descuento para asegurarse de que están completamente inscritos. En otras palabras, sí, las universidades ofrecerán dinero -a veces bastante dinero- a familias que no lo necesitan en absoluto. He tenido varios estudiantes cuyas familias se encontraban en la categoría de ingresos de 250.000 dólares o más al año, a los que se les han ofrecido becas por mérito de 100.000 dólares (25.000 dólares al año durante cuatro años) en las universidades de su lista.

Estas familias pueden darse el lujo de dejar que sus estudiantes se presenten a cualquier escuela que les guste, ya que no tienen problema en pagar el precio completo si eso es lo que sucede. Y aunque es bueno que se ofrezca el dinero por mérito, no necesariamente influye en el resultado para estas familias. Uno de mis estudiantes, que obtuvo una beca por méritos de 100.000 dólares en una universidad, la rechazó y decidió asistir a la USC (Universidad del Sur de California) y pagar el precio completo en lugar de asistir a la universidad que ofrecía el dinero por méritos.

FAMILIAS CON BAJOS INGRESOS

Una vez más, el término "bajos ingresos" es una cuestión de contexto. Una familia de cuatro miembros que gane 85.000 dólares o menos tendrá probablemente un EFC bajo. Cuanto más bajo sea su SAI (EFC), mayor será la ayuda basada en la necesidad a la que podrá optar.

Si su estudiante es un estudiante de alto rendimiento (alto GPA y / o resultados de las pruebas, fuertes extracurriculares, y el liderazgo demostrado), usted debe buscar las universidades que cumplen con el 100% de la necesidad, preferiblemente con pocos o ningún préstamo. Estas universidades pueden ser extremadamente selectivas, pero muy generosas, si su estudiante puede ser admitido. Por ejemplo, la Universidad de Stanford afirma que las familias de estudiantes universitarios con ingresos inferiores a 75.000 dólares anuales no deberán pagar la colegiatura, el hospedaje o la comida. Dicho esto, incluso a los estudiantes altamente cualificados se les deniega la admisión con regularidad, por lo que el estudiante no debería solicitar sólo las escuelas muy selectivas.

Estas familias deben tratar de mantenerse alejadas de las universidades que satisfacen un porcentaje menor de necesidades o que ofrecen muchos préstamos en sus paquetes de ayuda financiera. Esa información está disponible en el Conjunto de Datos Comunes, secciones H2 y H5.

FAMILIAS CON INGRESOS MEDIOS

La mayoría de las familias con las que trabajo entran en esta categoría, que se ve presionada por ambos lados. Ganan mucho dinero, por lo que no tienen derecho a muchas ayudas por necesidad, pero tampoco pueden extender un cheque de 85.000 dólares al año durante cuatro años sin sobresaltarse. Haga sus números. Si encuentra que las universidades simplemente no son accesibles (es decir, que no ofrecen una cantidad adecuada de ayuda basada en la necesidad o en el mérito para su familia), quítelas de la lista *antes* de que su estudiante las solicite. Sí, esto incluye las universidades "de ensueño" de la Ivy League y muchas otras que simplemente no ofrecen becas por mérito. Concéntrese, en cambio, en las universidades que ofrecen un gran potencial de becas por mérito y en las que el estudiante estaría cerca de los mejores de la clase entrante en términos de sus calificaciones y/o resultados de los exámenes. Esto también significa animar a su estudiante a que se dedique a los libros y trate de obtener el mayor promedio posible, lo que puede traducirse en dinero de becas para ayudar a pagar la universidad.

La otra opción de seguridad financiera para las familias de ingresos medios es solicitar la admisión en universidades estatales para beneficiarse de la colegiatura subsidiada por los impuestos del estado (pero esto puede tener algunas desventajas, como lo discutiré más adelante al hablar de las tasas de graduación de cuatro años). La tercera opción, desde el punto de vista de la asequibilidad, es que el estudiante asista a dos años de universidad comunitaria y luego se traslade a una universidad de cuatro años para terminar su carrera.

LA CARTA DE CONCESIÓN DE AYUDA FINANCIERA

Si al estudiante se le ofrece la admisión y su familia ha solicitado ayuda financiera, la escuela enviará una carta de concesión de ayuda financiera con los detalles de lo que la universidad ofrece a su estudiante. Así es como se desglosa la carta de concesión de ayuda financiera de una universidad pública para uno de mis estudiantes que entró en la universidad como estudiante de primer año en 2019.

Costos en el año 2019-2020	
Costo Estimado de Asistencia	**$36,522/año**
Matrícula y cuotas	$ 14,184
Alojamiento y comidas	19,134
Libros y material	870
Transporte	400
Otros gastos de educación	1,934

Ayudas, Becas y Exenciones de Cuotas	
Total de Subvenciones, Becas y Exenciones de Cuotas	**$2,500/año**
Ayudas y becas	$2,500
Beca Federal Pell	0
Subvenciones de su Estado	0
Otras becas que puede utilizar	0

Cuánto pagará por la universidad	
Costo Neto	**$34,022/año**
(Costo de la asistencia menos el total de ayudas y becas)	

Opciones de pago de los costos netos	
Opciones de trabajo	
Estudio y Trabajo (Federal, estatal o institucional)	$ 0

Opciones de Préstamos Estudiantiles (deben reembolsarse)	
Préstamos Federales Perkins	$ 0
Préstamo Federal Directo Subvencionado	0
Préstamo Federal Directo No Subvencionado	5,500

Este estudiante recibió 2.500 dólares de dinero "gratuito" (una subvención o beca). Eso no ayudó mucho a compensar los 36.522 dólares que costaba la asistencia. La universidad seguía esperando que este estudiante y su madre -viuda, pero muy educada y bien empleada- contribuyeran con 34.022 dólares al año. La carta incluía la opción de que el estudiante pidiera un Préstamo Federal Directo No Subvencionado de 5.500 dólares para ayudar a cubrir los 34.022 dólares de coste neto.

El máximo que los estudiantes pueden pedir prestado actualmente bajo este programa federal es de 5.500 dólares en su primer año, 6.500 dólares en su segundo año, 7.500 dólares en su tercer año y otros 7.500 dólares en su último año. Esos son los préstamos para *estudiantes*.

Los padres pueden entonces pedir prestado el 100% de la diferencia utilizando el programa federal PLUS (Préstamo para Padres de Estudiantes Universitarios). Así, en este ejemplo, la madre del estudiante podría pedir prestados 28.522 dólares (es decir, los 34.022 dólares de costo neto menos los 5.500 dólares del préstamo estudiantil) mediante un préstamo PLUS.

Los tipos de interés de estos préstamos son fijos y cambian cada 1 de julio para los desembolsos del otoño. Esto significa que cada año que el estudiante pide prestado dinero, los préstamos podrían tener un tipo de interés diferente. Además, si los padres ganan menos de 180.000 dólares, pueden deducir en sus impuestos los intereses que han pagado por el préstamo Parent PLUS.

Los padres y los estudiantes no tienen que empezar a devolver estos préstamos hasta seis meses después de que el estudiante se gradúe, aunque muchas familias se adelantan y pagan los intereses de esos préstamos cada año para que los intereses no se acumulen.

Curiosamente, estos préstamos no pueden ser borrados por una quiebra o transferidos a otra persona (por lo que un padre no puede transferir el préstamo de los padres al estudiante después de que éste se gradúe). Sin embargo, el préstamo del estudiante y el préstamo PLUS de los padres serán condonados si (siento ser imprudente) el estudiante fallece, y el préstamo PLUS de los padres será condonado si el padre fallece. He oído hablar de al menos una familia con un progenitor anciano (el padre del estudiante tenía más de 80 años) que puso todos los préstamos de los padres a nombre de ese progenitor mayor, y cuando el padre murió un año después de que el estudiante se graduara de la universidad, se perdonaron unos 300.000 dólares de deuda universitaria acumulada.

Debido al retraso en el inicio de los pagos y a la condonación en caso de fallecimiento, las familias deben pensar detenidamente si rechazan estos préstamos en favor de, por ejemplo, pedir una segunda hipoteca sobre su casa (en lugar de pedir el préstamo), incluso si la devolución de la hipoteca tiene un tipo de interés más bajo que el préstamo federal para padres.

En el caso del ejemplo de la carta de concesión financiera anterior, la universidad no ofreció al estudiante mucha ayuda para pagar su educación, pero al menos la universidad dejó claro lo que contenía cada categoría. Algunas cartas de concesión de ayuda financiera pueden ser mucho más difíciles de descifrar.

IR CON LOS OJOS BIEN ABIERTOS

Ahora que conoce los fundamentos de cómo funciona la ayuda financiera, tómese el tiempo para sentarse con su estudiante (y su cónyuge, si es el caso) y tener una discusión franca sobre lo que su familia está planeando contribuir (que puede o no alinearse con el EFC/SAI), lo que se espera que el estudiante contribuya, y qué universidades deben o no deben estar en la lista sobre la base de las perspectivas de ayuda financiera para su estudiante en cada escuela. Revise la lista de 25 a 40 universidades del estudiante y elimine aquellas en las que el panorama de la ayuda financiera parezca sombrío para su familia. Esto probablemente reducirá la lista a unas 20 ó 25 universidades.

No hay nada más desgarrador que el hecho de que un estudiante sea admitido en la universidad que más le gusta, para luego tener que rechazar la oferta tras determinar que la universidad no es económicamente viable para la familia.

PUNTOS CLAVE

1. No descarte una universidad basándose únicamente en su precio.
2. No se hagas ilusiones y diga: "Ya encontraremos la manera de pagar" cuando realmente no hay un buen plan en marcha.
3. Casi todas las familias deberían rellenar los formularios de ayuda financiera.
4. Tómese el tiempo necesario para hacer los números de cada universidad en la lista de su estudiante. Esto incluye el cálculo del SAI de su familia y la comprensión del impacto que tendrá en la ayuda financiera que le ofrecerá cada universidad.
5. Entienda la diferencia entre la ayuda basada en la necesidad y la ayuda basada en el mérito.
6. Conozca las universidades que no ofrecen ayuda por mérito, y si su familia o su estudiante necesitarán ayuda por mérito para que una universidad sea accesible, tome la decisión con tiempo para tachar de la lista las universidades que no ofrecen ayuda por mérito.

7. Sepa qué universidades requieren el CSS Financial Aid Profile y cómo afectará a su familia si usted y el otro padre del estudiante ya no están casados.

8. Sepa cómo encontrar, descargar y buscar en el Conjunto de Datos Comunes para cada universidad en la lista de su estudiante.

9. Sea inteligente en cuanto a la forma de pedir un préstamo para pagar los costos de la universidad.

3

Construir y equilibrar la lista final

E stá progresando. Ha reducido la lista de escuelas según los criterios de su estudiante y tiene una idea de cómo cada una de esas universidades afectará a su familia desde el punto de vista financiero. Ha eliminado las que no tienen sentido desde el punto de vista económico.

Ahora es el momento de investigar a fondo cada una de las universidades que permanecen en la lista y recortarla una vez más para llegar a una lista equilibrada de 10 a 16 universidades a las que su estudiante realmente solicitará el ingreso. Este es el momento de ayudar a su estudiante a discutir los detalles que realmente le atraerían a cada una de esas universidades.

Su objetivo es llegar a esa lista de universidades a las que su estudiante le encantaría asistir, que maximizarán las posibilidades de que su estudiante tenga varias ofertas de admisión para la primavera del último año, y que tienen un sentido financiero para su estudiante y su familia.

CÓMO INVESTIGAR LAS UNIVERSIDADES

¿Qué se entiende por investigación en este contexto? En esta etapa, los estudiantes deben planear pasar unos 30 minutos explorando el sitio web de cada universidad que queda en la lista.

La primera consideración crítica al investigar el sitio web de la universidad: haga que su estudiante visite la sección de Admisiones y confirme que cumple con los requisitos mínimos para los solicitantes de la universidad en general y del programa específico o la especialidad a la que está solicitando.

Por ejemplo, una universidad puede requerir que los solicitantes tengan tres años de un idioma extranjero (y sí, en la mayoría de los casos, el inicio de un idioma en la escuela preparatoria contará para uno de esos años). Pero si su estudiante sólo tiene dos años de lengua extranjera, entonces hay un desajuste y la solicitud del estudiante puede ni siquiera ser leída.

Si este tipo de problemas se detectan con la suficiente anticipación, puede haber tiempo para remediar los cursos que faltan en el verano después del tercer año o añadiendo una clase en el último año. Si no es así, y si una llamada a la oficina de admisiones confirma que el requisito no es negociable, entonces esa universidad tiene que salir de la lista del estudiante. El estudiante simplemente no cumple con los criterios para ser considerado para la admisión. Fin de la historia y no se pierde tiempo escribiendo redacciones ni se gasta dinero en pagar las tasas de solicitud.

Hace unos años, uno de mis clientes californianos se dio cuenta tardíamente -en otoño de su último año- de que le faltaba el requisito de "un año de artes visuales y escénicas" para ser admitido en la Universidad de California (UC). Se apresuró a tomar una clase en el colegio comunitario local que le permitiera incluir el contenido de un año en un semestre en la primavera de su último año. Todo salió bien, y ahora está en la Universidad de Berkeley, pero en aquel momento esto añadió una capa de estrés al proceso.

Además, algunas escuelas dejan muy claras sus recomendaciones en sus sitios web, sin llamarlas realmente requisitos. Por ejemplo, el MIT quiere ver que el estudiante ha cursado física, química, biología y matemáticas hasta el cálculo. Aunque no es un requisito en sí mismo, un estudiante que no haya cursado esas asignaturas no será tan competitivo en el proceso de solicitud en esa escuela hiperselectiva (con una tasa de admisión del 4% para la clase de 2025).

En el caso de otras escuelas competitivas, los requisitos mínimos ponen el listón bajo para que un estudiante solicite la admisión, pero esos mínimos son casi universalmente insuficientes para obtener una oferta de admisión. El solicitante debe demostrar mucho más rigor y logros que el mínimo si espera que le ofrezcan un lugar. Por ejemplo, en la UCLA y en la UC Berkeley, un estudiante de fuera del estado debe tener un promedio mínimo de 3.4 para ser admitido, pero es extremadamente raro que un estudiante con ese promedio sea admitido a menos que haya circunstancias especiales (como ser reclutado por su talento deportivo). Un GPA ponderado más competitivo para esas escuelas, tanto si el estudiante está en el estado como fuera de él, estaría en el rango de 3.9-4.5+.

Si su estudiante tiene tiempo para ajustar sus materias, o tiene estudiantes más jóvenes que están pasando por la preparatoria, podría ser útil conocer esta regla general para prepararse para las admisiones universitarias selectivas: tomar cuatro años completos de cada una de las cinco materias básicas. El estudiante debe planear cursar cuatro años de cada una de las materias de inglés, historia/ciencias sociales, matemáticas, ciencias físicas (especialmente biología, química y física) y cuatro años de una sola lengua extranjera.

A continuación, el estudiante debe entrar en la sección "Academics" del sitio web de la universidad y buscar los programas y las clases exactas que le interesan (probablemente los tenga de la búsqueda básica que realizó para llegar a su lista actual de universidades) y los profesores de los que le gustaría tomar clases o bajo los que le gustaría intentar investigar.

Mientras esté en el sitio web de la universidad, el estudiante debe explorar los clubes y las actividades del campus, la disposición del campus y los edificios, así como las tradiciones y los rituales de la escuela. Recuerdo que hace unos años leí un ensayo "¿Por qué la Universidad Johns Hopkins?" en el que un estudiante describía los eventos que esperaba en la JHU, y mencionaba "El encendido de los cuarteles." No tenía ni idea de lo que era, pero rápidamente encontré vídeos de ello en YouTube. Se trata de una tradición navideña que reúne a la comunidad del campus para una celebración justo antes de los exámenes finales de invierno y las vacaciones de invierno. Simplemente mencionando algo único de Johns Hopkins, este estudiante demostró que había investigado el campus y se imaginaba cómo sería su vida si era admitido. Otro de mis clientes, un futuro ingeniero mecánico y aficionado a los drones, estaba encantado de descubrir el edificio de robótica de Ford y el laboratorio de pruebas de drones al aire libre M-Air en la Universidad de Michigan. Este es el tipo de detalles que su estudiante debería buscar cuando explora los campus en línea.

Como padre, puede ayudar investigando la tasa de graduación en cuatro años de cada universidad, como ya mencioné en el capítulo 1. Usted quiere que su estudiante pueda graduarse en cuatro años y que sepa que esa es la norma en cada universidad a la que se presenta. Se elevará el costo de su educación si tardan cinco o seis años en obtener las clases que necesitan (o si cambian de especialidad demasiadas veces y terminan tardando más). Puede desmotivarles si muchos de sus compañeros dejan de estudiar antes de terminar. Usted y su estudiante deben saber qué porcentaje de los estudiantes que empiezan en esa universidad permanecen durante cuatro años y son capaces de terminar su carrera en ese plazo.

El siguiente paso es visitar el canal oficial de la universidad en YouTube y ver los vídeos que parezcan interesantes o educativos. Si al estudiante le gusta lo que ve en este punto, pídale que siga indagando un poco más, lejos de los mensajes aprobados por el departamento de marketing de la universidad. ¿Qué dicen los estudiantes de la escuela en YouTube, Reddit o la comunidad online de CollegeConfidential.com? ¿Cuáles son algunas de las reseñas y comentarios sobre la universidad en Niche.com?

Después de toda esa investigación, ¿el estudiante está más o menos interesado en la universidad? ¿En qué lugar de su lista de prioridades se encuentra en comparación con las demás universidades... y por qué? Ser capaz de articular lo que les gusta de una universidad es fundamental para su decisión de solicitarla (y por qué).

LOS 4X BENEFICIOS DE TOMAR NOTAS DETALLADAS

Lleva tiempo investigar las universidades, algo que con frecuencia escasea en los estudiantes de preparatoria. Yo soy partidaria de la eficiencia. No quiero que los alumnos dediquen tiempo a investigar en este momento y luego tengan que volver a hacerlo en otras fases del proceso. Así que les diré ahora mismo que deben tomar notas digitales cuidadosas y detalladas -incluyendo copiar y pegar las URL de las páginas clave del sitio web de una universidad- durante esta fase de investigación inicial. Luego pueden utilizar esa investigación en cuatro etapas diferentes de este proceso.

En primer lugar, como ya he mencionado, utilizarán su investigación para determinar si incluso quieren solicitar una universidad concreta. Las notas detalladas les ayudarán a recordar, dentro de unas semanas o meses, por qué incluyeron o no esa universidad en su lista final.

En segundo lugar, si deciden solicitar la admisión en una universidad que plantea la pregunta de redacción "¿Por qué nuestra universidad?," utilizarán esa investigación para escribir una respuesta muy detallada y específica (véase el capítulo 11).

En tercer lugar, revisarán esas notas antes de ir a una entrevista con un representante de admisiones o con un ex alumno de esa universidad para recordar los temas de conversación que querrán mencionar (véase el capítulo 15).

Y, en cuarto lugar, en la primavera del último año, cuando tengan que elegir entre un montón de ofertas de diferentes universidades, recurrirán a sus notas por última vez para que les ayuden a decidir dónde se van a inscribir, y podrán explicar claramente por qué han elegido esa universidad (véase el capítulo 18).

EQUILIBRAR LA LISTA ENTRE LAS ESCUELAS PROBABLES, LAS DE DESTINO, LAS DE ALCANCE Y LAS DE LOTERÍA

Como último paso en la elaboración de la lista, usted y el estudiante deben clasificar las universidades restantes de acuerdo con las posibilidades de que el estudiante sea admitido, basándose en su historial académico y (si están disponibles) en las calificaciones de los exámenes. Estos son dos de los componentes clave (pero no los únicos) que ayudarán a determinar la probabilidad de que el estudiante sea admitido en cada universidad de su lista. El objetivo es asegurarse de que tienen una lista equilibrada de escuelas probables, objetivo y, opcionalmente, de alcance y "lotería."

Las escuelas probables son aquellas en las que es muy probable que el estudiante sea admitido. Como regla general, estas escuelas aceptan más del 70% de los estudiantes que solicitan la admisión.

Las escuelas "objetivo" son aquellas en las que el estudiante tiene una probabilidad de ser admitido del 50% aproximadamente. Las credenciales del estudiante (promedio de calificaciones, resultados de exámenes, liderazgo, actividades extracurriculares) coinciden con las de la mayoría de los estudiantes que son admitidos, pero la escuela simplemente no puede aceptar a todos los estudiantes calificados que solicitan. Estas escuelas suelen aceptar entre el 35% y el 70% de los solicitantes.

Las escuelas de alcance son aquellas para las que las competencias del estudiante se quedan cortas en comparación con las de la mayoría de los estudiantes que son admitidos (por ejemplo, el GPA o las actividades extracurriculares son un poco bajas) o, de nuevo, simplemente hay muchos más estudiantes cualificados de los que la universidad puede admitir. Las escuelas de alcance sólo aceptan entre el 20% y el 35% de los estudiantes que lo solicitan.

Las escuelas de lotería son las que tienen tasas de admisión inferiores al 20%. Rechazan con frecuencia a estudiantes increíbles que están perfectamente cualificados, lo que hace que la admisión sea casi como ganar una lotería.

La lista final debe estar compuesta en su totalidad por universidades a las que su estudiante estaría encantado de asistir, y debe tener suficientes escuelas de alcance y probables que casi seguramente tendrán ofertas de admisión después de que todas las decisiones vuelvan en la primavera.

Una lista equilibrada podría tener cuatro escuelas probables, cuatro objetivo, cuatro de alcance y dos de lotería. Una lista equilibrada podría incluso no tener ninguna escuela de lotería o de alcance, en cuyo caso el estudiante podría solicitar menos escuelas en general, por lo que tal vez cuatro escuelas de destino y cuatro probables.

Los problemas surgen cuando la lista del estudiante no está equilibrada. Esas listas tienen un peso excesivo de escuelas de alcance y de lotería (por ejemplo, una escuela probable, una objetivo, cuatro de alcance y seis de lotería). Una lista desequilibrada puede dejar al estudiante con pocas o incluso ninguna oferta de admisión en la primavera del último año.

Tenga en cuenta que la escuela de alcance de un estudiante puede ser la escuela probable de otro. Un estudiante con un promedio de 4.5 y excelentes actividades extracurriculares tendrá un conjunto diferente de escuelas objetivo y probables que un estudiante con un promedio de 3.3 y sin actividades extracurriculares.

Hace unos años tuvimos un estudiante aquí en mi ciudad que no era cliente, pero yo era amiga de su madre en Facebook. Cuando su hijo llegó al último año y a la época de solicitud de ingreso a la universidad, la madre pensó que lo tenía todo bien controlado. Como descubrí más tarde, su hijo tenía un GPA de 4.2 y sólidas puntuaciones en los exámenes. No iba a solicitar plaza en la Ivy League, por lo que ella pensaba -y toda la familia, al parecer- que tenían todo controlado en cuanto a la admisión a la universidad, sin problemas. Entonces, en primavera, subió este desgarrador post: "Por favor, un pensamiento bueno para mi brillante, divertido, amable y maravilloso adolescente, que ha tenido algunas noticias decepcionantes sobre la universidad."

Este estudiante no fue admitido en ninguna de las ocho universidades a las que solicitó la inscripción, lo cual es terriblemente desalentador, sobre todo teniendo en cuenta su promedio de 4.2 (ese resultado me hizo desear haberles ofrecido algo de ayuda, pero al principio había parecido que lo tenían todo bajo control). Acabé hablando con la madre más tarde para desmenuzar lo que había pasado. En esencia, calcularon mal la dificultad de las posibilidades de admisión en las escuelas de su lista que pensaban que eran "probables." El estudiante básicamente se quedó fuera porque no tenía una lista equilibrada.

Para mantener la objetividad y eliminar parte de la emoción y la opinión de este proceso, doy a mis clientes acceso a un software propio que reúne información sobre el GPA del estudiante, el rigor de sus clases, sus resultados de los exámenes, la profundidad de su participación extracurricular y de voluntariado, su liderazgo, la fuerza probable de sus cartas de recomendación y sus talentos. El programa alinea esas calificaciones con las universidades que aparecen en la lista del estudiante y, a continuación, elabora un resumen personalizado de las posibilidades de admisión del estudiante en esas universidades concretas. El programa clasifica las universidades de la lista del estudiante en cinco categorías de colores fáciles de entender. El morado es para las escuelas que casi seguramente aceptarán al estudiante ("probables"). El azul es para las que probablemente lo aceptarán (también "probables"). El verde es para las escuelas en las que el estudiante tiene un 50% de posibilidades de ser aceptado ("objetivos"). El naranja es para las escuelas en las que el estudiante tendría dificultades para obtener una oferta de admisión (" alcance "). Y el rojo es para las escuelas que son realmente una posibilidad remota ("lotería").

Si los estudiantes pasan su lista por el programa y salen con diez escuelas en la categoría roja y cuatro en la categoría naranja, sabemos que la lista está desequilibrada y recortamos el número de escuelas rojas y añadimos escuelas en las otras categorías.

Ese programa también nos dice cómo se compara el estudiante en varias categorías (GPA, resultados de los exámenes, rigor académico y actividades extracurriculares) con los estudiantes que son aceptados en cada universidad. Si a principios del verano vemos que la categoría de actividades extracurriculares es un poco baja en comparación con los estudiantes que fueron admitidos, buscamos la manera de mejorar las competencias del estudiante en esa categoría durante el verano, antes de que se presenten las solicitudes.

Aunque el software lo facilita, puede reunir esta información por su cuenta a través del Conjunto de Datos Comunes (lo ha adivinado). Busque la sección C, la información sobre las admisiones de primer año de los estudiantes (¡son los de primer año!). Verás cuántos estudiantes solicitaron, cuántos fueron admitidos y cuántos se inscribieron. Muchas escuelas también informarán del porcentaje de estudiantes admitidos que tuvieron un GPA no ponderado de 4.0, el porcentaje de estudiantes inscritos cuyo GPA estuvo entre 3.75 y 4.0, el porcentaje cuyo GPA estuvo entre 3.50 y 3.74, etc. Puede ver cómo se compara el GPA de su estudiante.

El Conjunto de Datos Comunes también enumerará el porcentaje de estudiantes inscritos que presentaron las puntuaciones del SAT o del ACT, y cuál es el rango del percentil 50 medio para esas puntuaciones (para que pueda comparar cómo se alinean las puntuaciones de su estudiante).

Utilizando la información del Conjunto de Datos Comunes, su estudiante puede determinar si sus calificaciones y resultados de los exámenes están por encima del promedio de los estudiantes inscritos en una universidad (lo que hace que esa universidad sea una probable), si sus calificaciones y resultados están a la par con los de los estudiantes inscritos (lo que hace que esa universidad sea un objetivo), o si sus calificaciones y resultados están un poco por debajo de los de la mayoría de los estudiantes inscritos (lo que hace que esa universidad sea un alcance o incluso una lotería).

Así es como usted y su estudiante pueden utilizar los datos proporcionados en el Conjunto de Datos Comunes para averiguar si una universidad es una escuela probable, objetivo, de alcance o de lotería para su lista.

Ciertamente, no es necesario que un estudiante tenga ninguna escuela de lotería o incluso ninguna escuela de alcance en su lista. Sin ellas, pueden reducir la lista de universidades a unas ocho escuelas probables y de destino, lo que les ahorra mucho tiempo y esfuerzo (y a usted un montón de gastos de solicitud) en el proceso.

Si revisar el conjunto de datos comunes de cada universidad le parece abrumador, puede seguir una pauta menos precisa. Suponiendo que su estudiante tenga un promedio razonablemente alto (entre 3.5 y 3.8) y algunas actividades extracurriculares sólidas, puede suponer que las universidades con una tasa de admisión del 65% o más son escuelas probables. Un índice de admisión del 35% al 65% serían las universidades objetivo. Una tasa de admisión del 20%-35% serían escuelas de alcance. Y un porcentaje de admisión inferior al 20% serían escuelas de lotería. Una vez más, este cálculo general no tiene en cuenta las características específicas del estudiante, pero al menos debería darle una idea de que hay un desequilibrio si su estudiante sólo tiene escuelas de alcance y de lotería en la lista. Como comprobación doble, pida a su estudiante que le pase su lista de universidades a su consejero escolar para confirmar si está equilibrada.

Mi objetivo para mis clientes es tener su lista final de universidades a mediados de junio después de que terminen su tercer año. Esto nos permite reunir los temas de ensayo de esas universidades o, más precisamente, los temas de ensayo que esas universidades utilizaron el año anterior, ya que los temas no tienden a cambiar mucho de un año a otro. Esto le da al estudiante la oportunidad de escribir la mayor cantidad posible de ensayos requeridos durante el verano, de modo que esté bien encaminado para completar las solicitudes antes de que comience la escuela en el otoño.

PUNTOS CLAVE

1. Sepa cómo guiar a su estudiante en la búsqueda de los prerrequisitos de admisión para cada universidad de la lista. Si a su estudiante le falta alguna clase obligatoria, determine si hay una manera de que el estudiante pueda incorporarla antes de terminar el último año.

2. Ayude a su estudiante a aprender a buscar en el sitio web de una universidad para investigar los requisitos del plan de estudios básico, los requisitos de la especialidad, las clases y el profesorado.

3. Los padres pueden investigar las tasas de graduación en cuatro años de las universidades de la lista.

4. Entender cómo equilibrar la lista. Una buena regla general para una lista equilibrada es tener cuatro universidades probables, cuatro objetivo, cuatro de alcance y dos de lotería.

4

Crear un Currículum Vitae

C ada año hay aproximadamente 25.000 estudiantes de preparatoria que obtienen el mejor resultado en los Estados Unidos. En 2019, se estima que 22.000 estudiantes obtuvieron puntuaciones perfectas en su SAT. Para la clase de 2025, Harvard recibió 57.786 solicitudes y admitió a 2.320. Stanford admite a 1700. Mi punto al compartir estos datos es que incluso un estudiante que es el mejor de su escuela o tiene calificaciones perfectas en los exámenes necesita algo más en su historial para ganar una oferta de admisión de las escuelas más selectivas del país. Estas escuelas suelen denegar la admisión a un estudiante que tiene notas y resultados de exámenes increíblemente altos si ese estudiante no tiene también actividades extracurriculares o intereses externos increíbles. Esto significa que los mejores estudiantes se diferencian de sus compañeros por sus actividades dentro y fuera de la escuela. Han encontrado actividades extracurriculares que les gustan y que también tienen un impacto en su escuela o en sus comunidades, normalmente a nivel estatal, regional o nacional. Incluso las universidades que no son tan selectivas quieren estudiantes que hayan participado en sus escuelas y comunidades y que lleven al campus una actitud positiva y un historial de compromiso.

Los estudiantes cuentan a las universidades sus actividades extracurriculares de dos maneras: un currículum y una lista de actividades. Esencialmente cuentan la misma información en dos formatos diferentes, pero me gusta que los estudiantes creen primero el currículum y luego lo usen como referencia para crear la lista de actividades. Hablaremos más de las listas de actividades cuando hablemos de los portales de solicitud en el capítulo 13.

CURRÍCULUM VITAE

Para mis clientes, he descubierto que crear un currículum al principio del proceso de solicitud de la universidad es útil por varias razones.

En primer lugar, obliga al estudiante, con la ayuda de los padres, a recordar y escribir detalles sobre todas las actividades en las que ha participado desde que comenzó el 9° grado. No hay que remontarse hasta la escuela media, a menos que el estudiante haya participado en un Concurso Nacional de Ortografía u otro premio muy significativo.

En segundo lugar, ayuda a los estudiantes a identificar patrones en la forma en que han elegido pasar su tiempo, lo que les permite reflexionar sobre qué actividades extracurriculares les han gustado y cuáles, si las hay, podrían guiarles hacia una posible especialidad universitaria o carrera de interés y, sin duda, podría ayudarles a tener ideas para los ensayos de solicitud.

En tercer lugar, la creación de un currículum proporciona al estudiante un punto de partida para rellenar su lista de actividades en las solicitudes reales de la universidad (lo trataré en la siguiente sección).

El currículum es útil porque puede ofrecer a los lectores de la solicitud detalles e información que no caben en la lista de actividades, lo que limita mucho lo que el estudiante puede escribir. Lo digo literalmente. El formulario de la Common App sólo permite 150 caracteres -letras y espacios- para describir las actividades. Las universidades quieren admitir a estudiantes que sean activos y comprometidos en el campus, y asumen que los estudiantes que participaron en actividades extracurriculares en la escuela preparatoria son los mismos estudiantes que aportarán energía, entusiasmo y pasión a su comunidad universitaria. Buscan pruebas de ello en el currículum y en la lista de actividades.

La mejor práctica, si el estudiante quiere asegurarse de que el currículum final tenga un formato adecuado dentro de la propia solicitud universitaria, es guardarlo como archivo PDF antes de subirlo al portal de solicitudes. Además, haga que el estudiante nombre el archivo adecuadamente (como, "Samantha Khan Resume.pdf") en lugar de algo genérico ("Resume.pdf").

Los estudiantes pueden crear un currículum básico en blanco y negro y con texto (en Microsoft Word o en Google Doc), o pueden optar por un currículum más gráfico utilizando una de las plantillas gratuitas disponibles en sitios web como Canva.com.

Las plantillas de currículum de Canva.com suelen estar pensadas para personas que se incorporan a la vida laboral, por lo que en ellas aparece en primer lugar la "Experiencia laboral," mientras que los estudiantes que aún están en el instituto deberían poner en primer lugar la "Educación."

No existe un formato fijo para un currículum. En general, la clave está en agrupar la información básica de forma que sea fácil de leer. Todos los currículums de estudiantes deben comenzar con el nombre del estudiante y su información de contacto, así como con información sobre su escuela y su educación:

- Nombre, correo electrónico y teléfono del estudiante. Puede o no incluir su domicilio.
- Educación: nombre de la escuela, ciudad, estado, promedio de calificaciones y fecha prevista de graduación, además de cualquier información que pueda ser relevante (candidato al diploma IB, sociedad de honores, etc.)

Las categorías adicionales para un currículum académico podrían (pero no es obligatorio) incluir:

- Honores y premios
- Experiencias de voluntariado o servicio a la comunidad
- Deportes
- Artes
- Intereses y aficiones
- Trabajo remunerado
- Habilidades

Las entradas deben estar organizadas por categorías, pero las categorías pueden variar de acuerdo con las actividades del estudiante. Un estudiante puede tener una categoría de "Gobierno y Política" si ha sido políticamente activo. Otro puede tener una sección de "Justicia Social" o una sección de "Tecnología."

Recomiendo a mis clientes que empiecen por hacer una lista informal de todas sus actividades y que luego las agrupen de forma que tengan coherencia. Las categorías se aclaran entonces a partir de las agrupaciones.

Con frecuencia, cada lista individual dentro de un currículum comenzará con el puesto que el estudiante ocupó, luego el nombre y la ubicación de la organización (ciudad y estado), las horas por semana dedicadas, y el marco de tiempo en el que el estudiante participó (9° grado, 10° grado, etc.), luego una descripción rápida de lo que el estudiante hizo en el papel y cualquier dato sobre los impactos o resultados (cuántas personas atendidas, cuántos juegos ganados, etc.).

Por ejemplo:

Capitán, Summerville High School Varsity Lacrosse, Summerville, PA

8 horas/semana, 12 semanas/año, 9°-12° grado

Elegido para ser capitán por los compañeros de equipo y el entrenador. Organizaba las reuniones del equipo; ayudaba al entrenador a elaborar el programa de entrenamiento; ayudaba a resolver los conflictos del equipo, y levantaba el ánimo de los miembros del equipo. Gané 16 de 20 partidos contra 10 equipos rivales; llevé al equipo a los campeonatos estatales.

Dado que la mayoría de los estudiantes nunca han escrito un currículum y no saben cómo resumir o destacar las facetas más importantes de sus logros, es una buena idea animarles a que acepten su ayuda y orientación o la de otro adulto que tenga experiencia en la redacción de currículums.

A menos que el estudiante vaya a utilizar realmente este currículum para buscar un trabajo de verano o unas prácticas, puede seguir adelante y rellenarlo con una perspectiva de futuro. El currículum se subirá a los portales de solicitud en otoño del último año, así que el estudiante podría escribir "último año de instituto, graduación prevista en junio de 2023" o "Equipo de voleibol, 9º, 10º, 11º, 12º" en lugar de utilizar su estado actual como estudiante de tercer año y terminarlo con el 11º grado (suponiendo que sepa cuáles serán sus actividades en el último año). No es obligatorio hacerlo, pero ayuda a disminuir las actualizaciones que habría que hacer en otoño.

PUNTOS CLAVE

1. El currículum y la lista de actividades son componentes fundamentales de la solicitud de su estudiante. Ayudan a las universidades a entender cómo su estudiante ha elegido pasar su tiempo y qué es importante para él.
2. Ayude a su estudiante a mantener una lista de actividades desde el comienzo del 9º grado.
3. Ayúdele a entender cómo es y cómo suena el formato del currículum.

5

Articular la Historia del Estudiante

U n estudiante que pueda articular de forma clara y persua-
siva quiénes son y qué buscan en su experiencia universitaria tendrá una ventaja en el proceso de admisión. Hay que tener
en cuenta que los responsables de admisiones tienen la tarea de
revisar cientos o incluso miles de solicitudes durante un ciclo de
solicitud, lo que significa que sólo tardan unos minutos en revisar
una sola solicitud (sí, es así de breve: los que tienen la tarea de
revisar 60 solicitudes al día en una jornada de 10 horas tienen 10
minutos por solicitud, o sólo 7,5 minutos por solicitud si intentan
trabajar una jornada de ocho horas).

Con este tipo de tiempo, es más fácil para el cerebro del lector
de la solicitud absorber, categorizar y tomar una decisión positiva
si la información que está leyendo sobre el solicitante encaja de
una manera que tenga sentido.

Cuando describo a mis clientes la importancia de un mensaje claro a través de Zoom, sostengo dos cubos de Rubik. El primero está resuelto; las seis caras del cubo muestran correctamente nueve pequeños cuadrados de cada uno de los colores: rojo, azul, verde, naranja, amarillo y blanco. El segundo cubo es un revoltijo que muestra los colores mezclados sin ton ni son. Quiero que mis alumnos creen una solicitud que presente las diferentes facetas de su personalidad de tal manera que, como el cubo de Rubik resuelto, todo encaje y tenga sentido incluso con un simple vistazo.

Sabiendo esto, y simplemente para hacer un argumento más convincente de por qué deben ser admitidos, el estudiante debe pensar en toda la solicitud que planea presentar y asegurarse de que las diferentes partes y piezas funcionan en armonía. El paquete de la solicitud -calificaciones, resultados de los exámenes, actividades extracurriculares, recomendaciones y ensayos- tendrá más impacto en el lector si el estudiante puede identificar hilos argumentales o patrones claros para destacar en su solicitud.

He aquí un ejemplo de lo que no se debe hacer. Un estudiante puede decir a una universidad que está interesado en estudiar biología y eventualmente solicitar una carrera de medicina. Pero si no estudió biología en el instituto, o recibió una mala calificación en esa clase, o su única redacción habla de lo mucho que le gusta el arte, va a dejar al lector de la solicitud confundido.

Aquí hay un mejor enfoque. Una de mis alumnas estaba interesada en la carrera de medicina, ya sea como farmacéutica o como médica. Había alineado todas las caras de su proverbial cubo de Rubik: había seguido cursos rigurosos de matemáticas y ciencias en el instituto, incluida la Biología AP, y había sacado las mejores notas en esas clases. Durante la pandemia de COVID-19, se ofreció como voluntaria en una clínica local para vigilar a las personas recién vacunadas en busca de efectos secundarios durante el periodo de espera de 15 minutos después de la inyección. Hizo unas prácticas de verano en un laboratorio médico de su ciudad para aprender sobre la secuencia del ADN y acompañó a un farmacéutico durante su turno en una sala de urgencias, para conocer entre bastidores el caos organizado que rodea el tratamiento de urgencia de un paciente. Estas experiencias no sólo le sirvieron para confirmar y profundizar en su compromiso con la carrera de medicina, sino que le proporcionaron grandes historias y anécdotas para compartir en sus ensayos. Además, no era una persona unidimensional. Como miembro del equipo de campo a través de su escuela, pudo escribir una redacción sobre su equipo de corredores que complementaba sus intereses académicos y profesionales. Esas historias la mostraban como una jugadora de equipo dedicada y comprometida con su salud. En general, su elección de clases, sus actividades extracurriculares, sus calificaciones y los temas de sus ensayos se alinearon de tal manera que el conjunto de su solicitud funcionó bien como una unidad.

En cambio, un estudiante que dice que quiere ser médico porque vio a un abuelo sufrir un cáncer y le gustaría encontrar una cura, pero no ha tomado una carga rigurosa de cursos de ciencias, ni ha tomado la iniciativa de buscar prácticas u oportunidades para averiguar lo que implica esa carrera en el día a día. Además, en los primeros borradores de sus ensayos, se centraba en su amor por el baloncesto. No había ninguna relación con sus intereses académicos, por lo que su solicitud no funcionaba como un todo coherente.

En el caso de este estudiante, volvimos a la casilla de salida para replantearnos cómo quería presentarse en sus solicitudes universitarias, porque no había suficientes pruebas de su historial para respaldar su afirmación de estar interesado en la medicina. Teníamos que buscar otro ángulo o enfoque que se apoyara más en sus actividades reales. Encontramos la manera de cambiar ligeramente su enfoque, hacia el entrenamiento deportivo y la fisioterapia. Esa primavera empezó a trabajar como voluntario en el equipo de atletismo, añadió una clase de anatomía y fisiología a su programa de último año y pudo escribir sobre atletismo, movimiento y lesiones en sus ensayos. Cubo de Rubik resuelto.

Consejo profesional

La pre-médica no es una especialidad. Un estudiante puede especializarse en arte, historia o literatura rusa en la universidad y seguir solicitando el ingreso en la facultad de medicina, siempre y cuando tome los cursos necesarios (química orgánica, biología, etc.). Deberá tener un buen promedio de calificaciones y actividades extracurriculares relevantes, pero la especialización en sí no es el factor clave.

Aquí tenemos otro ejemplo. Para un estudiante interesado en estudiar historia, tendría sentido haber tomado clases de honores o avanzadas en historia de Estados Unidos, Europa o el mundo (o una combinación de ellas), haber sido voluntario en un museo o sociedad histórica si esa oportunidad estaba disponible en el área local, y haber buscado oportunidades de verano centradas en la historia, etc. Por supuesto, una redacción que ayude al lector a entender cómo se desarrolló la pasión del estudiante por la historia es como un pequeño lazo en la parte superior de un regalo. Es el lazo que une todo el conjunto.

Este es otro aspecto de la narrativa de la solicitud. Supongamos que un estudiante solicita el ingreso en la universidad y declara que está interesado en acabar estudiando Derecho. El estudiante ha participado en el equipo de simulacros de juicios, ha realizado prácticas en el despacho de un juez o abogado durante los veranos y ha tomado cursos que mejorarían su capacidad de escribir con claridad y desarrollarían sus habilidades de análisis, pensamiento crítico e investigación. Los ensayos detallan las experiencias del estudiante y lo que ha aprendido sobre el campo y sobre sí mismo. El trabajo que el estudiante ya ha realizado facilita que el lector de admisiones vea que el estudiante ha tanteado el terreno y sabe, *basándose en sus experiencias,* que esta carrera es una buena opción.

Como padre, puede apoyar a su estudiante hablando de sus objetivos, sueños y el tema de su solicitud, incluso de forma casual durante la cena o en un viaje en coche. Sembrar ideas para que las consideren, especialmente al principio del proceso (es decir, a mediados del tercer año) puede dar sus frutos una vez que se sienten a trabajar en sus solicitudes.

A veces, el mero hecho de dedicar tiempo al proceso de solicitud de ingreso en la universidad y de investigar los cursos que ofrecen las universidades para cada especialización específica ayuda al estudiante a descubrir un interés que quizá no hubiera sido capaz de articular antes. Una de mis alumnas comenzó el proceso buscando universidades que ofrecieran una especialización en astronomía, pero, al examinar las páginas web de las distintas universidades y su oferta académica, se dio cuenta de que los cursos de ciencias medioambientales encajaban aún mejor con sus intereses, y resultaban coincidir con las actividades extracurriculares que había estado realizando todo el tiempo. De hecho, cambió la especialidad que se había propuesto durante el proceso de solicitud, lo cual está muy bien. Los estudiantes están aprendiendo a definirse a sí mismos y puede que sea la primera vez que se les pide que reflexionen y piensen en la dirección que quieren tomar en sus vidas.

Con mis clientes, me parece que el currículum del estudiante es el primer lugar en el que hay que fijarse cuando se piensa en lo que podría ser el tema organizador del estudiante (si no es ya obvio). ¿Qué actividades y temas le interesan al estudiante? ¿Qué les ha atraído desde pequeños? Eso es algo que usted, como padre, puede ayudarles a ver. Me recuerda la historia de la organizadora japonesa Marie Kondo, del Método KonMari. Al parecer, cuando estaba en segundo grado, prefería pasar su tiempo de recreo dentro de casa, organizando las estanterías de la clase. Todos estos años después, ha sido capaz de aprovechar ese temprano interés por mantener las cosas limpias y organizadas para convertirse en un imperio editorial y de conferencias. Así pues, hay que ayudar al alumno a identificar los hábitos e intereses a los que se ha sentido atraído de forma natural durante toda su vida. Esto puede ayudar en este proceso.

—————— Consejo profesional ——————

En la mayoría de las universidades, los estudiantes pueden indicar su interés por una especialidad en particular en sus solicitudes, pero luego cambian de opinión una vez que llegan al campus y descubren su interés por materias a las que no habían estado expuestos en la preparatoria. Sin embargo, en el caso de ciertas carreras, especialmente ingeniería, informática, negocios, enfermería y estudios cinematográficos, puede ser muy difícil que un estudiante se transfiera a ellas más adelante, por lo que sería conveniente que los estudiantes comprobaran las políticas de las escuelas que les interesan. Si realmente quieren cursar una de esas carreras, deben solicitarlo directamente en sus aplicaciones.

¿Qué pasa con los estudiantes indecisos? Creo que es más fácil para los funcionarios de admisión si un estudiante tiene una dirección que alinea las diferentes partes de su solicitud, pero si un estudiante simplemente está interesado en muchas cosas, entonces sea auténtico en la solicitud y dígalo. En ese caso, es mejor describir los intereses específicos de las distintas asignaturas ("Me encanta la historia por la forma en que ilumina nuestro mundo político actual, pero también me encantan las matemáticas y la geometría por su elegante simetría") en lugar de caer en una vaga sensación de falta de propósito ("No tengo ni idea de lo que quiero estudiar").

Articular los intereses del estudiante no sólo ayuda a clarificar la solicitud en su conjunto, sino que es clave para averiguar qué universidades deben estar en la lista del estudiante, como señalamos en el capítulo sobre la investigación de las universidades. Esto no siempre es fácil, pero es un trabajo crítico para ayudar a los estudiantes a determinar la mejor opción para el camino a seguir en este punto (nota: no estoy diciendo que deban decidir lo que quieren hacer para el resto de sus vidas, sólo estamos viendo unos pasos por delante).

Si el estudiante tiene que escribir varias redacciones para una sola universidad, debe pensar en las redacciones como las diferentes caras del cubo de Rubik. Cada ensayo debe aportar un color o aspecto diferente de quiénes son y cómo llegaron a desarrollar sus valores, intereses, etc. No es necesario que todas estén relacionadas con el tema principal, pero las redacciones deben ser coherentes con el conjunto de la solicitud.

PUNTOS CLAVE

1. La solicitud de ingreso a la universidad de su estudiante probablemente se leerá en menos de diez minutos, por lo que necesita una redacción clara que el lector pueda entender rápidamente.

2. Los componentes de la solicitud -calificaciones, puntuaciones de los exámenes, actividades extracurriculares, recomendaciones y ensayos- tienen que funcionar en conjunto para ayudar al lector a ver de dónde viene el estudiante y hacia dónde se dirige.

3. Consulte la lista de actividades del estudiante para identificar un tema o patrón para la solicitud, si es que aún no es evidente.

6

Probando

Antes del COVID, las pruebas eran un procedimiento que la mayoría de los estudiantes tenían que superar si querían solicitar la admisión en la mayoría de las escuelas selectivas de Estados Unidos. Pero las restricciones de la pandemia impidieron que muchos estudiantes se sometieran a la prueba, por lo que casi todas las universidades cambiaron sus requisitos de solicitud para que la prueba fuera opcional. Así pues, cada estudiante debe decidir si se examina o no, y esa es una decisión que usted, como padre, puede ayudarle a reflexionar.

Durante el COVID, los estudiantes que conseguían hacer un examen SAT o ACT y consideraban que obtenían una buena puntuación podían presentar esos resultados a las universidades para reforzar sus solicitudes. Si los estudiantes no pudieron hacer un examen, o hicieron un examen y no obtuvieron una buena puntuación, todavía podían solicitarlo bajo las políticas de "examen opcional" de muchas universidades.

Resultó que los exámenes SAT y ACT impedían a muchos estudiantes solicitar la admisión en las universidades más selectivas y, una vez eliminada esa barrera, las solicitudes se dispararon en otoño de 2020. La Universidad de Colgate en Hamilton, Nueva York, experimentó un aumento del 102,6% en las solicitudes ese otoño, más del doble del número que habían recibido un año antes. Las solicitudes de Harvard subieron un 43% y las del MIT un 65%. Según un informe de la revista *Forbes*, el aumento de solicitudes provino en gran medida de estudiantes de minorías y de bajos ingresos, lo que dio a las universidades selectivas la oportunidad de aumentar su diversidad en el campus.

Pero parece que a muchas universidades les sigue gustando la seguridad de una buena calificación en los exámenes. Durante un reciente ciclo de admisión posterior al COVID, las conversaciones entre los asesores de admisión indicaron que la Universidad de Auburn en Alabama, que pretendía ser opcional en cuanto a los exámenes, parecía estar rechazando un número significativo de candidatos fuertes que no presentaban resultados de exámenes en favor de candidatos académicamente más débiles (medidos por su promedio de calificaciones) que sí presentaban resultados de exámenes. Además, el MIT anunció en la primavera de 2022 que restablecía el requisito de la calificación de la prueba como parte de su solicitud.

Otra consecuencia de que las universidades opten por los exámenes es que las calificaciones medias suben porque los estudiantes con calificaciones más bajas simplemente deciden no enviarlas a las universidades. Si no se envían las calificaciones más bajas y sólo se envían las más altas, la media de las calificaciones enviadas aumenta.

En general, para los estudiantes que solicitan ingresar en las universidades más selectivas, puede ser una ventaja tener altas calificaciones en los exámenes frente a no tener ninguna. Por otro lado, las calificaciones bajas pueden ser una desventaja. Le recomiendo que trabaje con su estudiante para investigar el rango de resultados para cada universidad en su lista, y luego determinar qué tan cerca está su estudiante de alcanzar el 50% o más. Si puede alcanzarlo, envíe las calificaciones. Si no es así, tal vez no envíe las calificaciones, pero tenga en cuenta que algunas universidades que dicen ser opcionales a los exámenes parecen favorecer en gran medida a los estudiantes que sí envían las calificaciones.

¿Cómo encontrar esos porcentajes? Mi equipo ya ha reunido para usted las estadísticas del SAT y del ACT para las aproximadamente 200 universidades más populares de Estados Unidos; puede acceder a esa hoja de cálculo a través de la página de recursos de este libro en https://www.CollegePrepCounseling.com/resources. O bien, puede reunir la información usted mismo volviendo al Conjunto de Datos Comunes, esta vez a la sección C9. Este es un ejemplo de lo que la información le dirá para la escuela que informa:

Porcentaje de alumnos de primer año con calificaciones dentro de cada intervalo:

Intervalo de puntuación	SAT Lectura y Escritura Basada en Pruebas	SAT Matemáticas
700-800	59.74%	62.39%
600-699	32.30%	28.76%
500-599	7.52%	8.85%
400-499	0.44%	0.00%
300-399	0.00%	0.00%
200-299	0.00%	0.00%
Los totales deben ser = 100%.	100.00%	100.00%

Intervalo de puntuación	SAT Compuesto
1400-1600	62.84%
1200-1399	30.97%
1000-1199	6.19%
800-999	0.00%
600-799	0.00%
400-599	0.00%
Los totales deben ser = 100%.	100.00%

Intervalo de puntuación	ACT Compuesto	ACT Inglés	ACT Matemáticas
30-36	77.05%	81.64%	58.59%
24-29	19.84%	13.67%	35.55%
18-23	3.11%	4.69%	5.86%
12-17	0.00%	0.00%	0.00%
6-11	0.00%	0.00%	0.00%
Por debajo de 6	0.00%	0.00%	0.00%
Los totales deben ser = 100%.	100.00%	100.00%	100.00%

Si usted tiene un estudiante que tiene una ansiedad extrema por los exámenes o simplemente no le va bien en las pruebas estandarizadas, puede aliviar parte de la presión sobre el estudiante (y ahorrar dinero en la preparación de los exámenes) omitiendo los exámenes por completo. En su lugar, puede dedicar ese tiempo ahorrado a aumentar su participación en actividades interesantes. Eso sería una victoria para la salud mental y la vida del estudiante. Pero sí, tener una calificación fabulosa en el examen ayudará a su solicitud.

PRUEBA A CIEGAS

Mientras que muchas universidades consideran las calificaciones de los exámenes como parte de su solicitud si usted decide presentarlas, otras escuelas -en particular las escuelas del sistema de la Universidad de California y de la Universidad Estatal de California- ahora son ciegas a los exámenes. Incluso si su estudiante tiene resultados perfectos en el ACT o el SAT, esos resultados no serán considerados en su solicitud, de ahí el término "ciego a los exámenes." (Nota: los estudiantes todavía pueden presentar sus calificaciones para cumplir con los requisitos mínimos de elegibilidad o para la colocación del curso una vez que el estudiante está en el campus, pero las calificaciones no se consideran para la admisión).

Si usted tiene un estudiante que está interesado en hacer el examen, aquí hay algunas pautas que pueden ser útiles.

HAGA QUE EL ESTUDIANTE CONFIGURE UN CORREO ELECTRÓNICO SÓLO PARA LA UNIVERSIDAD

Antes de que el estudiante se inscriba en el College Board (para los exámenes PSAT/NMSQT® y SAT) o en ACT, Inc. (para el examen ACT), les recomiendo que creen una nueva cuenta de correo electrónico para utilizarla únicamente para el proceso de admisión a la universidad. Una vez que las organizaciones examinadoras se hacen con la dirección de correo electrónico y otros datos personales del estudiante, éste suele recibir una avalancha de correos electrónicos y folletos de las universidades.

Muchas veces los padres quieren saber cómo pueden ayudar a sus hijos en este proceso sin excederse. Una forma de ayudar es obtener el permiso de su hijo para acceder a su dirección de correo electrónico sólo para universidades para ayudarle a administrar la avalancha de correspondencia entrante. Con el permiso del estudiante, puede anular la suscripción o bloquear las universidades que no estén en la lista de intereses potenciales del estudiante. Puede abrir y leer los correos electrónicos de las universidades que le interesan (y hacer clic en los enlaces dentro de los correos electrónicos, ya que las universidades lo rastrean). Y puede mantener al estudiante informado de aquellos correos electrónicos que son más importantes y que deberían leer ellos mismos.

Mantener los correos electrónicos de la universidad separados de los personales también evitará que la cuenta de correo electrónico personal se vea inundada de información de la universidad, lo que puede aumentar el estrés que los estudiantes sienten a veces en torno a este proceso.

PSAT/NMSQT

El Preliminary SAT/National Merit Scholarship Qualifying Test®
se ofrece en octubre y usualmente lo realizan los estudiantes de
tercer año y algunos de segundo año. Alrededor del 3% de los
estudiantes que obtienen las mejores puntuaciones y que realizan
el examen en el último año de la escuela preparatoria, pueden
ser reconocidos en el programa de la Beca Nacional al Mérito.
Los estudiantes pueden ser reconocidos como Commended,
Semi-Finalistas o Finalistas. Se trata de un honor académico que
el estudiante puede enumerar en sus solicitudes y que será notado
por las universidades. Si su escuela aún no requiere que los estudiantes tomen este examen, entonces asegúrese de que su estudiante se registre a través de su escuela a principios de septiembre.
La puntuación del PSAT/NMSQT también puede utilizarse para
estimar el rendimiento del alumno en el examen SAT.

SAT Y ACT

Los estudiantes que quieran enviar los resultados de los exámenes
estandarizados a las universidades de su lista pueden elegir cuál de
los dos exámenes principales (el SAT o el ACT) quieren hacer. No
tienen que hacer los dos. Es realmente una cuestión de preferencia, y vale la pena dedicar un fin de semana a realizar un examen
de práctica de cada uno de ellos para determinar cuál es el más
adecuado para el estudiante. Muchas empresas de preparación de
exámenes lo ofrecen a los estudiantes por un precio mínimo. Es
importante que los dos exámenes se realicen con poca diferencia para que otros factores (como el nuevo material aprendido
en la escuela) no modifiquen los resultados. El estudiante puede
entonces comparar sus resultados en las dos pruebas para ver si

tiende naturalmente a hacerlo mejor en uno de esos formatos. Si es así, ese es el examen para el que el estudiante debe prepararse.

CALENDARIO DE PRUEBAS

Aconsejo a los estudiantes que hagan su primer examen en la primavera del primer año de carrera (enero o marzo), y que vuelvan a hacerlo en mayo o junio si quieren tratar de mejorar sus resultados con una segunda sesión. Algunas universidades toman una "superpuntuación" que recoge la puntuación más alta del estudiante en cada sección de cualquier administración de la prueba, dando al estudiante una puntuación global más alta que la que obtuvo en cualquier sesión individual. Sólo si el estudiante está decidido a hacer un tercer intento, recomiendo que se examine en agosto o en septiembre de su último año. Lo mejor es hacer todas las pruebas antes de que comience el último año.

Programar las pruebas con anticipación también permite tener un margen de seguridad en caso de que las pruebas se cancelen por cualquier motivo. Durante el COVID se cancelaron muchas pruebas, pero también he tenido un estudiante cuyo examen se canceló porque un incendio forestal en California hizo que el centro de pruebas fuera inhabitable el día de la prueba (demasiado humo). He tenido estudiantes que se enfermaron el día del examen. Y tuve un estudiante que continuamente encontraba excusas para aplazar la inscripción en el examen. Finalmente se inscribió en la última fecha posible del examen, en diciembre de su último año. Realmente necesitaba un examen fuerte para apuntalar su bajo GPA ... y luego el centro de pruebas cerró debido a COVID. Así que no deje que su estudiante espere hasta el último minuto para hacer sus pruebas.

ENVÍO DE CALIFICACIONES OFICIALES A LAS UNIVERSIDADES

Una vez que el estudiante haya determinado a qué universidades va a solicitar el ingreso, usted, como padre, puede ayudar revisando cuidadosamente la política de exámenes de cada escuela. ¿Las calificaciones de los exámenes son opcionales, obligatorias o no se tienen en cuenta? Si son obligatorias, ¿quiere la universidad que el estudiante informe por sí mismo de sus resultados en la solicitud (para ser verificados posteriormente) o quiere que el estudiante envíe un informe oficial de resultados de la organización examinadora (ACT, Inc. o College Board). Estas empresas pueden tardar mucho tiempo en enviar las puntuaciones (y también puede costar dinero que se envíen), por lo que hacer el pedido con anticipación ahorrará gastos para agilizar el envío de las calificaciones en el último momento.

Una vez que mis alumnos terminan de hacer los exámenes, comparamos sus calificaciones con el 50% medio de las calificaciones presentadas por los estudiantes que fueron admitidos en cada una de sus universidades. Si su calificación está dentro de ese 50% superior, se presentan. Si las calificaciones no están dentro de ese rango, no se presentan (cuando tienen esa opción). La mayoría acaba enviando las puntuaciones a sus posibles universidades y a las de destino, pero sólo ocasionalmente a las de destino.

PUNTOS CLAVE

1. Los exámenes siguen siendo importantes. Una buena puntuación en el examen puede ayudar a conseguir una oferta de admisión.
2. Ayude a su estudiante a decidir si las pruebas y la preparación para los exámenes le resultan útiles. Para los

estudiantes con una ansiedad extrema ante los exámenes o que, por lo general, obtienen malos resultados en las pruebas estandarizadas, saltarse los exámenes por completo es una opción viable.

3. Como padre, puede ayudar en la recopilación de información encontrando las calificaciones del porcentaje medio de 50% para cada universidad en la lista del estudiante, de modo que sea más fácil decidir qué escuelas deben obtener las calificaciones del estudiante y cuáles no.

4. Haga que el estudiante cree una cuenta de correo electrónico sólo para las universidades a la que usted, como padre, pueda acceder.

5. Asegúrese de que su estudiante se inscriba y tome el PSAT/NMSQT en octubre de su tercer año.

6. Trabaje con su estudiante para planificar cuándo tomará los exámenes y ayúdelo con el proceso de inscripción.

7. Los padres pueden encargarse de averiguar qué universidades permiten a los estudiantes autodeclarar sus resultados (para la mayoría de las escuelas privadas, esta información está en la Common App) y cuáles requieren que los resultados sean enviados por las agencias examinadoras. Entonces, usted, como padre, puede encargarse de enviar esos resultados (y pagar el precio que conlleva).

7

El papel fundamental
del consejero de preparatoria

Ya sea que el estudiante asista a una escuela preparatoria pública o privada, el consejero escolar desempeñará un papel clave en el apoyo a la solicitud de ingreso a la universidad del estudiante. Su estudiante necesitará la cooperación del consejero y la atención oportuna a todos los detalles. Sin una recomendación positiva del consejero y su ayuda para entregar los materiales escolares a tiempo, la solicitud del estudiante puede quedar relegada al montón de "denegados." Por estas razones, es importante que su estudiante mantenga al consejero informado sobre las escuelas que están en su lista y las fechas límite para esas solicitudes.

Como padre, usted puede animar a su estudiante a hacer un esfuerzo adicional para conectarse con el consejero temprano y con frecuencia. Haga que el estudiante programe una cita para ir a conversar sobre lo que está buscando y la lista de universidades propuesta. A la gran mayoría de los consejeros les gusta mucho ayudar, así que denles la oportunidad de compartir sus conocimientos.

Aunque el estudiante completa la parte de la solicitud que incluye sus datos personales y ensayos, el consejero escolar es responsable de coordinar y enviar toda la documentación requerida desde la escuela preparatoria (incluyendo las transcripciones tempranas, el perfil escolar, la carta de recomendación del consejero y las transcripciones finales). Cada universidad necesita recibir tanto la parte del estudiante como los materiales de apoyo del consejero para que la solicitud del estudiante se considere completa.

Recuerde también que muchos consejeros de las escuelas preparatorias están desbordados. Sea amable con ellos mientras tratan de hacer malabares con todas sus responsabilidades. Como un consejero escolar publicó en uno de mis grupos de asesoramiento en línea (IEC significa "consultor educativo independiente" - esa soy yo):

"En mis escuelas, muy pocos estudiantes, si es que alguno, recurrieron a la ayuda externa de IEC. Lo sé por el asesoramiento que tengo que hacer. Los consejeros [escolares] no suelen trabajar durante el verano, así que la avalancha de ensayos en septiembre/octubre, y a veces muy malos, que necesitan atención inmediata al mismo tiempo que estamos enderezando y emitiendo los certificados de notas es un gran obstáculo. Las listas, según mi experiencia, nunca se terminan de confeccionar la primavera anterior, por lo que muchos se presentan en septiembre sin tener ni idea, a pesar de que la preparación anticipada se menciona repetidamente como una de las mejores prácticas en innumerables reuniones previas al 12º curso."

Si es posible, haga que su estudiante le muestre a su consejero una lista preliminar de universidades en primavera, ayude a su estudiante a revisar su expediente académico en busca de errores antes del final del tercer año, y asegúrese de que haya tiempo para que el estudiante trabaje en sus ensayos durante el verano.

PERFIL DE LA ESCUELA

El perfil de la escuela es un documento que el consejero envía a las universidades para proporcionar información sobre la escuela y el alumnado. ¿Cuántos estudiantes asisten a la escuela? ¿Cuántos estudiantes reciben comida gratuita o a precio reducido? ¿Qué porcentaje de estudiantes se gradúan y cuántos van a universidades de dos o cuatro años? ¿Cuántos cursos avanzados se ofrecen?

El perfil escolar ayuda a las universidades a comprender el contexto de los antecedentes del solicitante. Por ejemplo, si un estudiante dice haber tomado tres cursos de Advanced Placement de los tres que se ofrecieron, entonces ese estudiante siguió el plan de estudios más riguroso disponible en su escuela. Si un estudiante informa que tomó tres cursos de Advanced Placement de 14 que se ofrecieron, eso muestra que el estudiante no siguió el plan de estudios más riguroso disponible.

Hace unos años, trabajé con una estudiante de la zona rural de Michigan que asistía a una pequeña escuela preparatoria privada que no ofrecía ningún curso de Advanced Placement. Decidió cruzar la ciudad para tomar dos clases de AP en la escuela preparatoria pública local, demostrando a las universidades de su lista que estaba dispuesta a ir más allá en la búsqueda de un mayor desafío académico. Aunque no lo hubiera mencionado específicamente en su solicitud, las universidades habrían visto en el perfil de la escuela que no tenía esas opciones de cursos avanzados disponibles en su escuela.

Puede encontrar enlaces a ejemplos de perfiles escolares aquí: https://www.CollegePrepCounseling.com/resources.

NAVIANCE Y SCOIR

Muchas preparatorias y sus equipos de orientación utilizan programas informáticos para hacer un seguimiento de las solicitudes y el papeleo universitario de sus alumnos. Dos de los más populares son Naviance y SCOIR. Si la escuela de su estudiante utiliza uno de estos programas (u otro programa de software de terceros) para ayudar a gestionar las solicitudes universitarias de sus estudiantes, asegúrese de que su estudiante tiene la URL del sitio y conoce su nombre de usuario y contraseña. Si el consejero escolar ha invertido tiempo en la creación de estos sistemas de seguimiento para ayudar a los estudiantes, y si el consejero utiliza el sistema para comunicar a los estudiantes información clave relacionada con la universidad, entonces el estudiante debe dedicar tiempo a explorar el sitio, aprender a navegar por él y descubrir qué herramientas puede tener para ayudar a gestionar sus solicitudes. Los padres suelen recibir también un nombre de usuario y una contraseña y pueden ayudar a sus hijos familiarizándose con la plataforma.

TRANSCRIPCIONES

El consejero de la escuela es responsable de hacer llegar los expedientes académicos a las universidades de la lista del estudiante, por lo que el estudiante necesita mantener al consejero informado sobre dónde está planeando solicitar.

Después de que los resultados de la admisión de la primavera están fuera y el estudiante ha hecho un compromiso para asistir a una universidad, el estudiante también tendrá que informar al consejero de su elección para que el consejero puede enviar la transcripción final de la escuela preparatoria a esa universidad después de la graduación.

(Nota: si las calificaciones bajan en la segunda mitad del último año, las universidades pueden revocar sus ofertas de admisión).

ENLACE CON LAS UNIVERSIDADES

Los representantes de admisiones de las universidades suelen estar asignados a determinadas zonas geográficas del país. Son el principal punto de contacto entre un instituto y la universidad, y si un consejero ha trabajado en un instituto concreto durante varios años, a veces tiene relaciones comerciales a largo plazo con los representantes de la universidad. Esto puede ayudar a los estudiantes a resolver cuestiones que van desde la falta de documentación hasta las circunstancias especiales que puedan surgir. En ocasiones, un consejero escolar puede apoyar a un estudiante, haciendo una llamada telefónica adicional para transmitir una buena palabra para la solicitud de ese estudiante, otra razón por la que el estudiante debe hacer el esfuerzo de conocer a su consejero escolar.

NO SE OLVIDE DE DARLES LAS GRACIAS

Si un consejero escolar se ha tomado el tiempo de escribir una carta de recomendación a su estudiante y le ha ayudado a administrar los formularios para sus solicitudes, sería muy amable por parte del estudiante enviar una nota de agradecimiento (no sólo un correo electrónico, sino una tarjeta o una nota en papel real) después de que se hayan presentado todas las solicitudes.

Después del 1 de mayo, es conveniente enviar una nota de seguimiento en la que se informe al consejero de dónde ha sido admitido y a qué universidad ha decidido asistir el estudiante. Las solicitudes son mucho trabajo, y la parte divertida es escuchar los resultados y saber que el estudiante se dirige a una nueva y emocionante aventura en un campus universitario. Y, como he mencionado antes, el consejero todavía tiene que enviar el expediente académico final del estudiante a la universidad en la que planea inscribirse.

PUNTOS CLAVE

1. Anime a su estudiante a conocer a su consejero tan pronto como sea posible en su carrera en la escuela preparatoria. Manténgalo informado sobre las actividades (especialmente las que se realizan fuera de la escuela) en las que participa el estudiante.

2. Durante la temporada de solicitudes, asegúrese de que el consejero tenga la oportunidad de opinar sobre la lista de universidades, y que su estudiante mantenga al consejero informado sobre las universidades, específicamente, a las que el estudiante está solicitando y los plazos que deben cumplir. Esto permite al consejero enviar todos los documentos correctos a las universidades adecuadas en el momento oportuno.

3. Busque una copia del perfil escolar de la escuela de su estudiante para saber qué información reciben las universidades.

4. Averigüe si la escuela preparatoria de su estudiante utiliza Naviance, SCOIR u otro sistema para hacer un seguimiento de los formularios de admisión a la universidad del estudiante. Asegúrese de que su estudiante sepa cómo iniciar sesión y utilizar ese sistema. Si puede obtener una cuenta o acceso de los padres, entonces puede ayudar a su estudiante a seguir su estado.

5. Proporcione pequeñas tarjetas o papelería para que su estudiante escriba notas de agradecimiento a los profesores y al consejero que escribió sus recomendaciones.

8

Cartas de recomendación

En un intento de obtener más información sobre las habilidades y el carácter de un estudiante, muchas universidades selectivas piden cartas de recomendación a los profesores del estudiante, al consejero escolar o a otras personas (entrenadores, religiosos, empleadores, incluso compañeros) que conocen bien al estudiante. Sin embargo, lo que muchos estudiantes no saben es que tienen más oportunidades de ayudar a los recomendadores a elaborar cartas sólidas de lo que creen.

No todas las universidades piden recomendaciones, y las que lo hacen especificarán cuántas cartas les gustaría ver y si esas cartas son o no opcionales. Por ejemplo, en una reciente temporada de solicitudes, la Universidad de Iowa no exigió ninguna carta de recomendación de un profesor, pero dio la opción de que los estudiantes presentaran hasta tres. Tampoco exigió ninguna recomendación adicional del grupo "otros," pero dio la opción de que los estudiantes presentaran tres. Así pues, un estudiante puede elegir no presentar ninguna recomendación o presentar hasta seis recomendaciones en total. Cuando se da la opción, siempre es mejor presentar al menos dos recomendaciones que ayuden a respaldar la candidatura del estudiante; no hay que saltárselas sólo porque sean "opcionales." La Universidad de Villanova, por su parte, exige una recomendación de un profesor y no da al estudiante la opción de presentar ninguna más.

RECOMENDACIONES DE LOS PROFESORES

Para asegurarse de tener las bases cubiertas, los estudiantes deberían solicitar al menos dos, y posiblemente tres, cartas de recomendación a sus profesores. De este modo, si uno de los tres profesores no consigue redactarlas y presentarlas a tiempo, el estudiante tendrá dos listas. Lo ideal es que se lo pidan a sus profesores en mayo o junio del primer año de carrera, para que éstos puedan planificar, o incluso redactar, las recomendaciones durante las vacaciones de verano.

Si no es posible, se puede pedir a principios del último año (pero no la primera semana de clases, cuando los profesores están ocupados con la logística del inicio del año académico). Los estudiantes que esperen a pedirla hasta una semana (o un día) antes de la fecha de entrega de las recomendaciones podrían ser rechazados, ya que los profesores no están obligados a escribir estas cartas. Si los profesores acceden a escribir una en caso de apuro, el estudiante puede recibir una carta que no será tan entusiasta como podría ser.

Los profesores de primer año suelen ser los mejores para pedir recomendaciones. Han conocido al estudiante durante todo un año (a diferencia de los profesores de último año, que acaban de conocer a los estudiantes), y han conocido al estudiante en su momento más maduro, académicamente. Los profesores de primer año pueden haber conocido al estudiante durante más tiempo, pero sus ideas sobre las capacidades académicas del estudiante reflejarán esa versión más joven del estudiante. Además, los estudiantes que sepan lo que piensan estudiar en la universidad deben pedir cartas de recomendación a los profesores de las materias correspondientes. Un estudiante interesado en el periodismo debería pedir una carta a un profesor de inglés, que puede comentar las habilidades de escritura del estudiante. Un estudiante interesado en la ingeniería puede pedir cartas a sus profesores de matemáticas y física. Pedir cartas de disciplinas muy diferentes (como física e inglés) puede atestiguar los puntos fuertes del estudiante en una amplia gama de materias académicas.

Además, es muy importante que los estudiantes pidan recomendaciones a profesores que realmente los aprecien. Es más importante obtener una carta de recomendación brillante de un profesor que esté entusiasmado con el estudiante, independientemente de la disciplina, que una recomendación deslucida de un profesor de una materia objetivo. Advertencia: "Independientemente de la disciplina" se aplica a las materias académicas básicas: inglés, matemáticas, ciencias, estudios sociales, lengua extranjera. Nadie debería recibir una carta de recomendación de su profesor de educación física.

Consejo profesional

A los profesores que escriben recomendaciones para las escuelas que utilizan el portal Common Application (es decir, la mayoría de las universidades privadas selectivas de cuatro años de Estados Unidos) se les pide que no sólo escriban una carta, sino que califiquen al estudiante utilizando una tabla que pregunta sobre los siguientes criterios:

- Logros académicos
- Promesa intelectual
- Calidad de la escritura
- Pensamiento creativo
- Respeto a los profesores
- Hábitos de disciplina
- Madurez
- Liderazgo
- Integridad
- Reacción a los contratiempos
- Preocupación por los demás
- Confianza en sí mismo
- Iniciativa
- En general

Para cada uno de esos puntos, los profesores pueden marcar una casilla de valoración de la siguiente manera: sin base, por debajo de la media, media, buena (por encima de la media), muy buena (muy por encima de la media), excelente (el 10% más alto), sobresaliente (5%) y "una de las mejores que he encontrado en mi carrera." Los estudiantes bien informados que planifican con anticipación y tienen esta lista a la mano pueden trabajar activamente para demostrar sus habilidades en cada una de estas áreas en el transcurso de su tiempo en el salón de clases del profesor.

Puede acceder a un enlace a una copia en PDF de esta tabla a través de la página de recursos de este libro, https://www.CollegePrepCounseling.com/resources.

CÓMO PREGUNTAR

Los estudiantes deben pedir una carta de recomendación en persona, y debe ser una petición, no una orden. Es decir, el estudiante no debe decir: "Necesito que me escriba una carta de recomendación," sino que debe preguntar: "¿Podría escribirme una carta de recomendación?" Los profesores escriben estas recomendaciones en su tiempo libre, por las tardes y los fines de semana, y los profesores más solicitados se pasan horas haciéndolas todas. Sin embargo, lo hacen año tras año porque se preocupan por los alumnos, así que pida a su estudiante que sea especialmente amable en este proceso.

Si un profesor acepta escribir una carta al estudiante, pídale que le envíe un paquete de información que le facilite el trabajo al profesor. El paquete debe incluir una carta de presentación, el currículum del estudiante y cualquier otro formulario -a veces llamado "paquete de elogios"- que la escuela pueda dar al estudiante para que lo rellene. Básicamente, el estudiante debe dar información al profesor que le ayude a escribir el tipo de recomendación que el estudiante espera.

¿Cómo pueden los estudiantes ayudar al profesor a escribir una recomendación sólida? En la carta de presentación, el alumno debe incluir información sobre lo que espera estudiar en la universidad. Pueden mencionar cualquier incidente o anécdota especialmente positiva que recuerden de su paso por la clase y que pueda haber impresionado al profesor. También puede aportar cualquier otra información que el profesor pueda incluir en su recomendación.

He aquí un ejemplo, con una anécdota de "Recuerdo haber trabajado en...":

Querida Sra. Crumpetcorn,

Gracias de nuevo por haberse prestado a escribir una carta de recomendación para mis solicitudes universitarias. Como sabe, estoy interesada en estudiar periodismo, por lo que su opinión sobre mi capacidad de redacción y mi enfoque de la misma sería muy útil para las universidades.

En su clase de Lengua Inglesa AP del año pasado, trabajamos en la tarea sobre

La Vida en el Mississippi de Mark Twain. Recuerdo que, en mi trabajo, usted comentó que le parecía especialmente perspicaz mi comparación de los recuerdos de Twain sobre la vida en el río con la historia de Tres Hombres en un Barco, de Jerome K. Jerome, sobre la navegación por el Támesis en Inglaterra.

Sus comentarios positivos sobre mi redacción me han animado a seguir aprendiendo sobre la escritura fuera de los salones de clase. El verano pasado, asistí al programa de cinco semanas de la Facultad de Periodismo de la Universidad Northwestern para estudiantes de preparatoria y tuve la oportunidad de aprender más sobre el trabajo y la vida de un periodista, y no podría estar más emocionada de seguir esta carrera.

Mis solicitudes más cercanas vencen el 15 de octubre, así que, si es posible, sería estupendo que usted pudiera enviar su recomendación a más tardar el 8 de octubre.

Gracias de nuevo por ayudarme, no sólo con esta parte de mis solicitudes universitarias, sino con mi educación en general.

Saludos cordiales,

Kaylee Cook

LA RECOMENDACIÓN DEL CONSEJERO

Mientras que las recomendaciones de los profesores se centran en quién es el alumno en el aula, la recomendación del orientador se centra más en quién es el alumno en el contexto de la comunidad escolar en general. ¿Participa el estudiante en actividades escolares a través de equipos deportivos o mediante la participación en clubes o en el gobierno estudiantil? ¿Por qué es conocido en la escuela? Con bastante frecuencia, especialmente en las grandes escuelas públicas, el consejero escolar puede no saber mucho sobre el estudiante para el que está escribiendo una recomendación. Lo mejor para el estudiante es desarrollar algún tipo de relación con el consejero mucho antes del último año. El estudiante debe presentarse, encontrar razones para visitarlo de vez en cuando durante los años de segundo y tercer año, y hacer que el consejero participe en su planificación. Por ejemplo, un estudiante de tercer año podría ir a ver al consejero para informarle de que está considerando una carrera de derecho y preguntarle si tiene alguna recomendación de prácticas o actividades de verano que puedan ayudarle a explorar ese campo. Una vez que llega el último año, el consejero puede hablar de la iniciativa del estudiante desde el principio y abordar su interés en varios campos profesionales.

Algunos consejeros piden a sus alumnos que rellenen una serie de formularios (el ya mencionado "paquete de elogios") para ayudar al consejero a saber más sobre el alumno y así poder escribir una recomendación más sólida. Si la escuela de su estudiante distribuye este tipo de formularios, haga que su estudiante se tome el tiempo necesario para responder a las preguntas de forma minuciosa y reflexiva. El orientador puede tomar como referencia el lenguaje que utiliza el estudiante para incluir frases, perspectivas y conceptos clave en la recomendación.

OTRAS RECOMENDACIONES

Algunas universidades permiten recomendaciones de personas que no son profesores o consejeros. Puede ser un líder de los Scouts, un rabino, un sacerdote, un miembro del clero, un entrenador deportivo, un empleador u otro adulto con el que el estudiante haya trabajado. El estudiante debe sentir que esta persona puede escribirle una carta de recomendación fuerte y entusiasta y añadir una perspectiva o una visión del carácter y las habilidades del estudiante que probablemente no aparecerían en una recomendación de un profesor o consejero.

Las recomendaciones de un líder religioso son especialmente útiles para los estudiantes que solicitan ingresar en universidades muy religiosas.

FERPA

FERPA son las siglas en inglés de la Ley de Derechos Educativos y Privacidad de la Familia. En esta situación, la FERPA concede al estudiante el derecho a leer las cartas de recomendación que escriben los profesores.

Pero hay una trampa. A los profesores les gusta sentirse libres para escribir con sinceridad, y saber que el estudiante podría leer la recomendación podría condicionar cómo y qué escriben. Por esta razón, la mayoría de los estudiantes optan por renunciar, o por dejar de lado su derecho FERPA a leer las recomendaciones. Supongo que el 99,9% de los estudiantes renuncian a su derecho a revisar las recomendaciones.

Al renunciar a sus derechos, estos estudiantes están asegurando a los profesores que confían en ellos para escribir algo útil, y las universidades pueden confiar en que los profesores están siendo completamente honestos. Los estudiantes que deciden no renunciar a sus derechos pueden dar la impresión, tanto a los profesores como a las universidades, de estar preocupados por lo que puedan decir los profesores. Esto haría que las universidades se preguntaran qué le preocupa al estudiante, lo que podría empañar todo el proceso. Por lo tanto, mi recomendación es que el estudiante opte por renunciar a sus derechos FERPA.

PUNTOS CLAVE

1. Platique con su estudiante sobre los profesores de tercer año que le harían las mejores recomendaciones. Asegúrese de que las materias que imparten los profesores (materias básicas) coinciden con el tema de interés del estudiante o con su posible especialización.

2. Anímelo a que pregunte a los profesores con anticipación, ya sea hacia el final del penúltimo año o unas semanas después de que comiencen las clases en el último año.

3. Imprima la tabla de recomendaciones de profesores de la Common App y colóquela en algún lugar en el que el estudiante pueda tenerla presente.

4. Apoye a su estudiante en la elaboración de anécdotas o ideas para la carta de presentación y el paquete de elogios que se entregará al profesor para ayudar a escribir la recomendación.

5. Discuta con su estudiante si renuncia a su derecho FERPA para revisar las recomendaciones.

6. Considere la posibilidad de contar con recomendadores externos cuyo conocimiento del estudiante añada al paquete de solicitud una visión y una comprensión más profunda del solicitante.

9

Interés Demostrado

M uchos padres se sorprenden al saber que algunas universidades hacen un seguimiento de las personas que se han inscrito para recibir boletines e información sobre la universidad desde el sitio web de la misma. Utilizan una sofisticada tecnología para controlar si los futuros estudiantes abren los correos electrónicos que les envía la universidad, hacen clic en los enlaces y dedican tiempo a revisar el contenido de esos correos. Básicamente, las universidades tratan de medir el nivel de interés del estudiante en la universidad. Los que trabajamos en admisiones lo llamamos "interés demostrado." Las universidades intentan medir el interés real de un estudiante por inscribirse en su escuela y, si su estudiante no demuestra suficiente interés en las escuelas que siguen este parámetro, es muy probable que no se le ofrezca la admisión, incluso si está muy cualificado como solicitante.

Cuando el representante de la universidad visita una preparatoria, anota qué estudiantes se presentan, quiénes parecen interesados y quiénes envían una nota de agradecimiento después. (Psst: los representantes de admisiones que visitan las preparatorias suelen ser los primeros en revisar las solicitudes de los estudiantes de esa escuela).

Las universidades controlan quién les sigue en Instagram o TikTok (y pueden, a su vez, dedicar tiempo a revisar la cuenta del estudiante, por lo que las publicaciones del estudiante deben estar libres de cualquier cosa que pueda levantar banderas rojas para las universidades). Básicamente, las universidades quieren admitir a estudiantes que acepten su oferta de admisión y no admitir a estudiantes que probablemente no se inscriban.

Supongamos que una universidad ofrece la admisión a 100 estudiantes, y sólo 20 de ellos aceptan la oferta de inscripción. Eso supone un rendimiento del 20%. Otra escuela ofrece la admisión a 100 estudiantes, y 87 de ellos aceptan la oferta de inscripción. Eso significa un rendimiento del 87%. A las universidades les gusta tener un alto rendimiento, lo que puede aumentar su valor percibido y proporcionar un punto de datos para presumir de lo deseable que es su universidad, impulsando a más estudiantes a solicitarla.

Si una universidad puede animar a un mayor número de estudiantes a presentar su solicitud sin aumentar el número de plazas disponibles en cada clase de primer año, entonces la universidad se vuelve más selectiva, es decir, la tasa de admisión de estudiantes disminuye. Una universidad que acepta el 20% de los solicitantes es más selectiva que una que acepta el 50% de los solicitantes. Por lo general, cuanto más selectiva es una universidad, más alta está en la clasificación. Por lo tanto, es un buen negocio para las universidades tratar de conseguir tantas solicitudes como puedan, y luego rechazar más estudiantes, por lo tanto, aumentar su selectividad. Esto es terrible para los estudiantes, especialmente para los que reciben cartas de las universidades diciendo: "Nos encantaría que te presentaras." Los estudiantes lo interpretan como: "Nos encantaría tenerte en nuestra universidad." Pero no, usualmente sólo quieren decir que quieren que el estudiante presente una solicitud, no que necesariamente quieran admitirlo.

Hay otro lado oscuro en todo esto. Cada vez más universidades parecen practicar la "protección del rendimiento." Denegarán la admisión a un estudiante sobresaliente, pensando que probablemente será aceptado (y se inscribirá) en una universidad aún más selectiva o más prestigiosa y, por lo tanto, es poco probable que se inscriba incluso si la universidad le ofrece la admisión. Esta es nuestra mejor suposición sobre lo que le ocurrió a un estudiante que fue aceptado en dos de las escuelas más selectivas de Estados Unidos (Harvard y Yale) y rechazado en una escuela no tan selectiva (Wesleyan). Éste es sólo un ejemplo, pero en los círculos de asesoramiento, estas historias aparecen una y otra vez.

En otras palabras, las universidades a veces niegan a un estudiante muy capaz un lugar en su clase para que la universidad pueda proteger su porcentaje de rendimiento. Esto hace que sea muy difícil para los estudiantes crear una lista equilibrada de escuelas de alcance, objetivo y probables, porque nunca saben si serán rechazados de una escuela objetivo o probable simplemente porque una universidad está practicando la protección del rendimiento.

¿Cómo pueden los estudiantes evitar que se les niegue la admisión debido a la protección del rendimiento? Ahí es donde entra en juego el interés demostrado. Si la universidad se encuentra a pocas horas de distancia de la casa del estudiante, ¿se ha tomado el estudiante la molestia de visitar el campus para realizar una visita y una sesión informativa? ¿Ha participado el estudiante en algún evento en línea que la universidad haya organizado o ha asistido a una presentación cuando el representante de la universidad se detuvo en su preparatoria para una visita?

Y, por supuesto, el santo grial del interés demostrado es presentar una solicitud de Decisión Anticipada, que es vinculante. Si el estudiante es admitido por Decisión Anticipada, se compromete a inscribirse, asegurando así un rendimiento del 100% de esos estudiantes para la universidad. En el capítulo 14 trataré con más detalle la decisión anticipada y otras opciones de admisión.

La mayoría de las escuelas de la Ivy League y otras ultraselectivas ("altamente rechazables") no se molestan en proteger el rendimiento. Sus rendimientos son tan elevados que afirman que no hacen un seguimiento del interés demostrado porque casi todos los estudiantes que solicitan se inscribirían si fueran aceptados. En el pasado, parecía que las universidades públicas tampoco hacían un seguimiento del interés demostrado (aunque estoy empezando a escuchar historias que indican que esto puede estar cambiando). Las universidades privadas, situadas (en términos de selectividad) entre la Ivy League y las universidades estatales, son las que más probablemente presten atención a estos pequeños pero significativos esfuerzos de "interés demostrado" por parte de los estudiantes.

Ya he mencionado que los representantes de las universidades viajan por todo el país cada otoño, visitando las preparatorias para conocer a los posibles solicitantes y charlar con los estudiantes sobre lo que ofrece su universidad. Los consejeros escolares son los que coordinan estas visitas y comunican a los estudiantes qué escuelas enviarán representantes y durante qué días y periodos de clase específicos:

VISITAS DE REPRESENTANTES UNIVERSITARIOS

MARTES 11/2

Aeronáutica de California - P.4

UC Santa Barbara -P.5

MIÉRCOLES 11/3

Universidad de Redlands -P.3

Universidad del Sur de Utah -P.4

Universidad de Alabama -P.6

JUEVES 11/4

Universidad de Willamette -P.3

Los estudiantes deben consultar periódicamente si hay visitas de las universidades de su lista. Los representantes de las universidades suelen tener territorios asignados y conocen bien las escuelas de esos territorios. También evaluarán las solicitudes de los estudiantes que solicitan desde su territorio, y se darán cuenta si el estudiante se ha tomado la molestia de asistir a la visita a la escuela y presentarse. Tomarán nota de qué estudiantes escriben un correo electrónico de seguimiento (o incluso un correo postal) para agradecerles que se hayan tomado el tiempo de visitar el instituto.

¿Cómo saben qué universidades de la lista del estudiante han demostrado su interés? Está en el Conjunto de Datos Comunes (el mismo documento que vimos en el capítulo sobre ayuda financiera). Pero esta vez, nos interesa el gráfico de la sección C7. He aquí un ejemplo:

C7 Importancia relativa de cada uno de los siguientes factores académicos y no académicos en sus decisiones de admisión en el primer año de carrera.

	Muy Importante	Importante	Considerado	No Considerado
Académico				
Rigor del expediente de preparatoria	X			
Rango de la clase			X	
Promedio Académico	X			
Calificaciones de exámenes estandarizados			X	
Ensayo de Solicitud		X		
Recomendación(es)	X			
No Académico				
Entrevista			X	
Actividades extracurriculares		X		
Talento/habilidad			X	
Carácter/cualidades personales		X		
Primera generación			X	
Relación con los antiguos alumnos			X	
Residencia geográfica		X	X	
Estado de residencia				X
Afiliación/compromiso religioso				X
Situación racial/étnica				X
Trabajo Voluntario		X		
Experiencia laboral		X		
Grado de interés del solicitante			X	

En la última fila dice: "Nivel de interés del solicitante" y, en esta universidad, prestan atención. Probablemente notarás que esta tabla también tiene otras pizcas de información útil, como los factores que la universidad considera "muy importantes" e "importantes."

Como padre, puede ayudar a su estudiante en este proceso localizando y recogiendo el gráfico C7 de cada una de las universidades de la lista final del estudiante (encontrará enlaces al conjunto de datos comunes de casi 200 universidades en https://www.CollegePrepCounseling.com/resources). Además, si el estudiante ha creado una cuenta de correo electrónico separada para utilizarla en las pruebas de admisión, los contactos de la universidad y las solicitudes de la misma, y si comparte la información de acceso con usted, puede ayudar a su estudiante a "demostrar su interés" revisando la cuenta de correo electrónico frecuentemente, abriendo los correos electrónicos y haciendo clic en los enlaces.

PUNTOS CLAVE

1. Investigue el conjunto de datos comunes para cada escuela en la lista de su estudiante para averiguar cuáles siguen el interés demostrado.

2. Asegúrese de que su estudiante reciba información actualizada de su consejero sobre las universidades que están planeando visitas a la escuela secundaria. Debería asistir a todas las visitas de los representantes de las universidades de su lista.

3. Ayude al estudiante a mantenerse al día con los correos electrónicos de las universidades entrando en la cuenta de correo electrónico exclusiva para universidades que ha configurado y abriendo los correos electrónicos de las universidades de la lista del estudiante. Haga clic en los enlaces incluidos en esos correos electrónicos y mantenga a su estudiante al tanto de las noticias o la información interesante que se presente.

4. Planifique una visita a las universidades de la lista del estudiante que estén a una distancia razonable de su ciudad.

10

Visitas al Campus

L as visitas al campus permiten al estudiante hacerse una idea del ambiente de la universidad -la energía general y la actitud de los estudiantes- y, en última instancia, le ayudan a decidir si esa universidad es el lugar donde le gustaría pasar los próximos cuatro años de su vida.

La página web de una universidad, aunque sea informativa, es una obra de relaciones públicas muy elaborada. Una vez en el campus, la universidad puede verse sin ese filtro de marketing mediático. ¿Los estudiantes de la universidad van de un lado a otro con cara de ansiedad o se saludan alegremente y se paran a charlar mientras pasan de una clase a otra? ¿Parecen irradiar una actitud alegre o parecen un poco aburridos o desconectados? Obviamente, cada estudiante pasará por ciclos de estados de ánimo, pero los visitantes deberían ser capaces de hacerse una idea de cómo se mueve la mayoría de los estudiantes a lo largo de su día en el campus.

Aproveche la oportunidad de hablar con los estudiantes actuales y pregúnteles por qué eligieron esa universidad y qué les gusta y qué no les gusta de la escuela. Pida a su estudiante que organice una comida en la cafetería, que asista a una clase de su posible especialidad e incluso que se quede a dormir con un amigo que asista.

A veces, la diversidad de estudiantes en el campus puede ayudar a un visitante a determinar si puede encontrar a las personas con las que siente que puede conectar y relacionarse en el campus. ¿Algunos de los estudiantes se visten de una manera que coincide con el sentido del estilo de su estudiante? ¿Se siente su estudiante cómodo con la diversidad racial e internacional del campus o preferiría ver más?

¿Cuál es la actitud del campus con respecto a los estudiantes LGBTQ y coincide con los puntos de vista de sus estudiantes? Tengo muchos clientes que no son LGBTQ, pero son fuertes aliados y no querrían asistir a un campus donde los estudiantes LGBTQ no se sintieran bienvenidos.

No estoy sugiriendo que un estudiante busque una universidad donde sólo encuentre estudiantes como él. Lo que sugiero es que un estudiante se sienta lo suficientemente cómodo en el campus como para sentirse seguro mientras amplía su zona de confort para ampliar sus experiencias y sus puntos de vista.

Normalmente es más fácil hacerse una idea de lo cómodo que se siente el estudiante en un determinado campus, y de lo que le gusta el entorno del mismo, haciendo una visita a la universidad.

Dicho esto, visitar un montón de universidades repartidas por todo el país puede resultar caro y agotador. Suelo recomendar a mis clientes que no peregrinen para visitar las universidades que están a cinco horas de avión de su casa. Los estudiantes pueden viajar a esas escuelas siempre y cuando se les ofrezca la admisión. En ese momento, pueden visitar el campus (yo lo llamo la "gira de la victoria") y saber que, si les gusta y si las finanzas funcionan, es una opción real para que se inscriban.

No existe nada más difícil que el hecho de que un estudiante visite una universidad de destino y se enamore completamente de ella, convirtiéndola en su "única," cuando tiene tan pocas posibilidades estadísticas de ser admitido. Realmente quiero que mis clientes se enamoren de todas las universidades de su lista, incluidas las probables y las de destino, y si el estudiante y su familia ni siquiera se molestan en visitar esas universidades probables y de destino, el mensaje es que esas universidades son de alguna manera menos dignas. Esto hace que el estudiante se desilusione si no es admitido en una escuela altamente selectiva. Por favor, de un padre a otro, anime a todas las escuelas en la lista de su estudiante. Apoye realmente a todas ellas porque, si su alma interior le dice que "la escuela XYZ no es digna," su estudiante lo percibirá. Recuerde, es una gran victoria incluso estar en el juego de aplicar a una universidad de cuatro años. Hay mucho que celebrar, y puede haber un gran éxito para los estudiantes en sus vidas, incluso si no incluye una etiqueta de parachoques de una universidad de la Ivy League.

Los padres de uno de mis clientes recientes decidieron llevarle a visitar Vanderbilt, una maravillosa universidad en la que tenía prácticamente cero posibilidades de entrar (su promedio de calificaciones era inferior al de casi todos los estudiantes admitidos). Por supuesto, le encantó. ¿Y ahora qué? ¿Descarta su opción de Decisión Anticipada por una universidad que está casi garantizado que no le va a gustar? Afortunadamente, encontramos otra universidad de alcance para él que también le encantaba (aunque era menos "accesible" que Vanderbilt) en la que pensamos que su compromiso de Decisión Anticipada podría hacerle entrar, y eso es exactamente lo que ocurrió.

Visitar las universidades que se encuentran a unas tres horas en automóvil de la casa del estudiante puede ser más fácil de organizar que volar a través del país. De hecho, si una universidad se encuentra a menos de medio día en automóvil de la ciudad natal del estudiante y éste no se ha molestado en visitarla, la universidad puede darse cuenta de ello (si está haciendo un seguimiento del "interés demostrado," como se ha comentado en el último capítulo) y asumir que el estudiante no está considerando seriamente su inscripción si es admitido. Esto puede hacer que la universidad dude en ofrecer un lugar al estudiante (a menos que el estudiante sea de una zona de bajos ingresos o que indique que no tiene los medios para hacer una visita, en cuyo caso las universidades no lo tendrán en cuenta en el proceso de admisión).

Algunas veces recomiendo a los estudiantes que visiten universidades cercanas de diferentes tamaños de población estudiantil -pequeña (5.000 estudiantes o menos), mediana (5.000-10.000 estudiantes), grande (10.000-20.000 estudiantes) y extra grande (20.000 o más)- sólo para que se hagan una idea de cómo es un campus de esos tamaños. Por ejemplo, suelo recomendar a mis alumnos de San Diego que se tomen una tarde de fin de semana para visitar la Point Loma Nazarene University (3.200 estudiantes), la University of San Diego (8.200 estudiantes), la UC San Diego (36.000 estudiantes) o la San Diego State University (34.000 estudiantes). La visita a las universidades locales les ayuda a construir una base de conocimiento de lo que pueden esperar de las visitas a las universidades y les da más antecedentes para evaluar las universidades que realmente entran en su lista.

No la visite en los días en que los estudiantes universitarios estén de vacaciones (ya que el campus se vaciará de estudiantes) o cuando estén estudiando para los exámenes finales, cuando es probable que el ambiente del campus sea normalmente tenso y sombrío.

VISITA OFICIAL AL CAMPUS Y SESIÓN INFORMATIVA

En la mayoría de las universidades se permite a los visitantes apuntarse a una sesión informativa oficial de 30 minutos y a una visita al campus de 90 minutos. Suele haber un formulario en el sitio web de cada universidad (en la sección de Admisiones, bajo "Visita" o "Visita al campus" o "Recorridos por el campus") que permite (sí, esta es una de esas cosas que usted como padre puede hacer para ayudar a su estudiante en este proceso) preinscribirse para una visita en un día y hora determinados. Usualmente verá estas combinaciones de sesión informativa y visita al campus de dos horas de duración que se ofrecen a las 10:00 a.m. y a las 2:00 p.m. Algunas universidades sólo las ofrecen entre semana, lo cual es problemático para los estudiantes de preparatoria que tienen que asistir a clases en esos días. Revise el horario de la escuela de su estudiante para ver si hay días de servicio de los maestros u otros días en que su preparatoria no está en sesión, y trate de organizar visitas al campus en esos días.

Para que sea más eficaz, cuando pueda, intente visitar dos universidades cercanas el mismo día: una durante la sesión de la mañana y otra durante la sesión de la tarde. Pídale a su estudiante que tome fotos del campus y del guía de la visita para ayudar a refrescar su memoria más tarde. Es muy probable que usted y su estudiante se den cuenta de que, al principio, las universidades y los campus se confunden, y puede ser difícil recordar qué universidades tienen qué características. Es muy importante que su estudiante tome notas durante la sesión informativa y anote sus impresiones después para no perder de vista los programas, las oportunidades, las instalaciones o los recursos notables de la universidad, que pueden ir desde la colección de libros raros Mortimer en el Smith College hasta el tobogán acuático Roll Tide en la Universidad de Alabama. A medida que el proceso avanza y el estudiante pasa más tiempo desenterrando los detalles que le gustan de cada universidad, las impresiones borrosas deberían empezar a aclararse. Además, anote las fechas en que visitó cada universidad. Algunas escuelas le pedirán la fecha de su visita en los formularios de solicitud.

Otra razón para inscribirse en la visita oficial y en la sesión informativa es asegurarse de que las universidades sepan que has ido a visitarlas. Una vez más, esto forma parte del interés demostrado y permite entrar en las listas de correo electrónico y correo postal de la universidad. Esto abre los canales de comunicación con la universidad y pone a su estudiante en su radar.

Se pretende que el estudiante haga preguntas en la sesión informativa y en las visitas guiadas (aunque nadie está pendiente de si un estudiante concreto ha hecho o no una pregunta). Las preguntas deben centrarse en la información que no está disponible en el sitio web (como, por ejemplo, lo difícil que es conseguir las clases que el estudiante quiere, cómo la escuela determina quién consigue vivienda en el campus si no pueden acomodar al 100% de los estudiantes, y si la universidad tiene un programa para facilitar las prácticas u oportunidades de tutoría para los estudiantes). Si, como padres, tienen la oportunidad de participar en una visita diferente a la de su estudiante, ¡aprovéchenla! Así podrán hacer todas las preguntas que quieran, y su estudiante podrá sentirse libre de hacer sus propias preguntas sin preocuparse por la interferencia o el juicio de los padres.

Una cosa más: si la visita a la universidad no incluye una visita al centro de orientación profesional, asegúrese de que usted y su estudiante se pasen por su cuenta antes o después de la visita. Averigüe si ayudan a organizar prácticas para los estudiantes, si ofrecen asesoramiento profesional individual, si revisan los currículos y si enseñan a los estudiantes a negociar un salario. Averigüe cuántas ferias de empleo organizan cada año, cuántas empresas tienen puestos en esas ferias y los nombres de las empresas que asisten regularmente.

Las práticas durante la universidad, por cierto, son de importancia crítica para el resultado a largo plazo de un estudiante de su tiempo en la universidad. Según el informe *Great Jobs, Great Lives: The 2014 Gallup-Purdue Index Report*, la participación en prácticas relacionadas específicamente con el contenido que los estudiantes estaban aprendiendo en sus estudios, el trabajo en proyectos a largo plazo (un semestre o más) y la participación activa en actividades extracurriculares apuntan a mejores resultados para los estudiantes cuando entran en el mercado laboral: "Sentirse apoyado y tener experiencias de aprendizaje profundas lo es todo cuando se trata de los resultados a largo plazo de los graduados universitarios."

Puede acceder al enlace del sitio web de Gallup y al informe completo descargable visitando la página de recursos de este libro en https://www.CollegePrepCounseling.com/resources.

——————— **Consejo profesional** ———————

Le mencioné que tomara notas durante la sesión informativa. En particular, pídale a su estudiante que preste atención a las cualidades únicas de la universidad que el personal de admisiones está destacando durante la charla. Con sólo 30 minutos, van a destacar aquellos aspectos de su universidad que creen que causarán la mayor impresión a los futuros estudiantes. Recuerde que quieren que los estudiantes soliciten la admisión y quieren que se inscriban suficientes estudiantes para llenar todos los lugares disponibles. Si su estudiante toma buenas notas durante la sesión informativa, puede hacerse eco de algunos de esos aspectos destacados en su ensayo "¿Por qué esta universidad?" y alinear su solicitud con los aspectos de la universidad de los que ésta se siente más orgullosa.

PRIMERO HAGA UNA VISITA VIRTUAL

En algún momento antes del día de la visita oficial (o incluso antes de programarla), siéntese con su estudiante y pase una hora más o menos haciendo una "visita virtual" desde el sitio web de la escuela. Podrá ver (y posiblemente imprimir) un mapa del campus para hacerse una idea de lo que hay, y podrá ver lo que encontrará en la visita real. Puede marcar cualquier edificio, departamento o punto destacado del campus que su estudiante quiera asegurarse de ver (aunque la visita oficial no incluya esos espacios), y puede hacerse una idea de si los edificios, los terrenos y el entorno general se ajustan a lo que su estudiante está buscando. Si su estudiante descubre, después de la visita virtual, que el campus no es una buena opción después de todo, entonces puede cancelar la visita al campus y encontrar otra escuela para investigar. Es mucho más fácil hacer una primera pasada por una visita virtual que gastar el tiempo para llegar a la universidad y recorrerla durante dos horas si su estudiante puede decidir rápidamente a partir de una visita virtual que no está realmente interesado.

Por cierto, prepárese. Los estudiantes pueden ser muy caprichosos a la hora de decidir qué universidades entran en su lista y cuáles no. He tenido estudiantes que se han negado rotundamente a salir del automóvil familiar cuando han llegado a un campus para visitarlo. Por mucho que piense que es divertido y emocionante para los estudiantes visitar los campus, todo el proceso de búsqueda y solicitud de la universidad -y las visitas a la universidad- puede a veces desencadenar ansiedad o temor o quién sabe qué en un estudiante. Aunque haya pasado horas para llevarlos a un campus, por favor, deje que ellos hagan esta llamada. Quiéralo y apóyelo. Hágale saber que le cubre la espalda aunque esté decepcionado o se sienta frustrado. Intente centrarse en la gratitud por el tiempo que ha pasado con su hijo antes de que se vaya a la universidad y ya no esté en casa a diario. Este es realmente el viaje del estudiante, y a veces simplemente "saben" que no es una buena opción o simplemente no están preparados para dar el siguiente paso, ¡literalmente! Puede que no tenga sentido para usted, pero tal vez, en esta ocasión, necesitan su paciencia y comprensión para dejarlo ir (sí, esto podría ser problemático si esta es su escuela de seguridad financiera y de admisión, en cuyo caso tendrá que utilizar su juicio paternal sobre la mejor manera de seguir adelante). Enviando abrazos, ¡oh compañero padre de un adolescente!

PUNTOS CLAVE

1. Haga una visita virtual a la universidad antes de ir a ver el campus en persona.
2. Tómese el tiempo necesario para visitar las universidades objetivo y las probables de la lista. Ayude al estudiante a enamorarse de esas universidades, además de las que le interesan.
3. Si dos de las universidades están en la misma zona, regularmente se pueden hacer dos visitas al campus en un día (una por la mañana y otra por la tarde).
4. No olvide registrarse en el sitio web de la universidad para

la sesión informativa oficial y la visita, de modo que el departamento de admisiones sepa que estuvo allí.

5. Asegúrese de pasar por el centro de orientación profesional para hacer preguntas.

6. Intente ser amable y comprensivo con su estudiante si se paraliza y no quiere seguir con la visita.

11

Ensayos: El Panorama General

Lo más difícil para muchos estudiantes en el proceso de solicitud de ingreso a la universidad es escribir las aparentemente interminables redacciones. Es fácil entender por qué. Los ensayos piden a los estudiantes que escriban sobre sí mismos. Los mejores ayudan a los lectores de admisiones a saber quién es el estudiante y, lo que es mejor, a sentirse lo suficientemente positivos sobre el solicitante como para querer ver a ese estudiante en su campus el año siguiente. Los ensayos son una oportunidad para que la personalidad del estudiante salte de la página. Ofrecen una oportunidad para que el estudiante dé vida a una solicitud que, de otro modo, se reduciría a datos planos e impersonales: el promedio de calificaciones, los resultados de los exámenes y unas pocas líneas descriptivas sobre sus actividades.

Precisamente este aspecto de primera persona y autorreflexión de los ensayos universitarios es lo que hace que sean tan difíciles de escribir. A la mayoría de los estudiantes se les ha dicho que no deben utilizar el "yo" en primera persona en un ensayo -lo cual es el caso de la escritura académica- pero este formato de ensayo personal de solicitud de ingreso a la universidad lo requiere.

Además, la mayoría de los estudiantes no están acostumbrados a pensar en sus propias vidas y a reflexionar sobre quiénes son ahora, cómo han llegado a ser esa persona y sus esperanzas para el futuro. Sin embargo, esa autorreflexión madura es una de las claves para escribir un buen ensayo. Además, los estudiantes no están acostumbrados a compartir esos pensamientos internos con un funcionario de admisiones desconocido que puede ayudar a influir en la decisión de una universidad a su favor. Hay mucho en juego y la tarea resulta incómoda, por lo que la ansiedad aumenta, y se agrava a medida que se acercan los plazos de otoño.

Sin embargo, en lugar de que todo el ensayo trate sobre las ideas que tienen en la cabeza, los mejores ensayos se basan en una historia detallada de la vida que da estructura al ensayo. Debe tratarse de una anécdota o incidente concreto que ayude al lector a conocer al estudiante y a saber cómo se ha comportado o reaccionado ante una situación. Esto también le da al escritor algo específico sobre lo cual reflexionar.

Muchas veces recomiendo a los estudiantes que se animen a compartir lo que yo llamo su "vientre blando," una situación o un momento en el que las cosas se torcieron y tuvieron que averiguar cómo corregir el rumbo. Como lector, es fácil animar a un desvalido y empatizar con un estudiante al que algo le salió mal (y luego lo arregló). El enfoque opuesto -historias presuntuosas de estudiantes que se esfuerzan por impresionar con su perfección y su actitud de "soy mejor que los demás, elíjanme a mí"- puede desanimar al lector. En mi clase de redacción, muestro una foto de Gastón, el personaje sobremusculado, arrogante y totalmente antipático de *La Bella y la Bestia*, y advierto a los alumnos: "No sean Gastón." En resumen: los alumnos deben contar una historia que ayude al lector a conocerlos como seres relacionables, simpáticos, interesantes y memorables.

Por lo general, los padres me preguntan cómo pueden ayudar en este proceso. Mi mejor consejo es que ayuden a sus alumnos a hacer una lluvia de ideas sobre los temas -esos incidentes y situaciones que pueden ser la base de las redacciones- durante la cena o los viajes en coche. Ayúdele a encontrar o recordar esos micromomentos de su vida que pueden servir como núcleo de una historia. Más allá de eso, recomiendo que los padres se mantengan alejados. Escribir estas redacciones es un ritual de paso que el estudiante debe soportar sin que sus padres estén en la selva con ellos, ya que los padres no pueden evitar llevar el peso de sus propias expectativas, esperanzas y preconceptos al proceso. Suele ser muy difícil para los padres resistirse a la tentación de "entrar y arreglar" cuando leen los borradores de las redacciones de los alumnos, pero, con demasiada frecuencia, incorporar esos arreglos significa perder la voz, el lenguaje y la sintaxis auténticos del alumno en el proceso.

ESCRIBIR LOS ENSAYOS CON ANTICIPACIÓN

¿La clave para mantener la ansiedad de la redacción al mínimo? Hacer que el alumno empiece a escribir pronto. Permítanme repetirlo para enfatizarlo: *¡empezar pronto!*

¿Con cuánta anticipación? Cada junio desde hace más de una década (con la excepción de 2021, durante la pandemia de COVID-19), me dirijo a la ciudad desértica de Temecula, California, para pasar el fin de semana. Voy por invitación de mis compañeros y amigos, Tom y Ardeth Meier, que me contratan para que enseñe a sus cerca de 80 estudiantes de último año el arte y la ciencia de cómo escribir increíbles ensayos de solicitud de ingreso a la universidad.

El curso dura tres horas el sábado por la tarde y luego continúa durante tres horas el domingo por la tarde. En el intermedio, los estudiantes tienen tiempo para procesar lo que han aprendido y empezar a apuntar ideas sobre los temas que van a escribir y cómo presentarlos para conseguir el máximo impacto.

En general, los estudiantes entran en el salón el sábado, usualmente no muy entusiasmados por empezar un curso de seis horas sobre la redacción de ensayos. Y no pasa nada. Al final de las dos sesiones, lo entienden. Están llenos de energía, ideas y entusiasmo. Es realmente divertido, lo que sorprende a muchos de los alumnos de la clase. El cambio de actitud y perspectiva de los alumnos a lo largo de la formación es una de las razones por las que me encanta impartir esta clase.

Como el curso se imparte en junio, estos alumnos tienen todo el verano para pensar y escribir sus ensayos. El objetivo es conseguir al menos seis ensayos principales -el ensayo principal, uno sobre la comunidad, uno sobre el impacto, uno sobre la identidad propia, uno sobre "por qué esta carrera" y al menos un ensayo sobre "por qué nuestra universidad"- antes de que comience su último año (detallaremos cada uno de ellos en el próximo capítulo). Si pueden hacer esto, toda la temporada de solicitudes será mucho menos estresante porque esos ensayos básicos pueden ser modificados para responder a múltiples solicitudes de cualquier número de universidades.

¿Cuántas redacciones en total tendrá que escribir el estudiante? Depende del número de universidades a las que se presente la solicitud y de los ensayos que esas universidades quieran ver. Las universidades más selectivas tienen entre tres y ocho ensayos complementarios y preguntas de respuestas cortas a las que el estudiante tendrá que responder. Otras universidades, como la Case Western Reserve University, sólo exigen el ensayo principal de la solicitud común. Y algunas universidades no requieren ningún ensayo en absoluto.

Hace unos años, una de mis alumnas atrasadas -empezó a trabajar conmigo en octubre de su último año- estaba solicitando la admisión en 16 universidades muy selectivas. Llegó con una lista de 41 redacciones que tenía que escribir para esas solicitudes, y entró en pánico. Nos sentamos en una sesión de estrategia y examinamos cada uno de los temas de las redacciones -las preguntas a las que deben responder las redacciones- y los agrupamos por temas. Todas las preguntas eran diferentes, pero los temas principales del ensayo aparecían una y otra vez. Mi alumna acabó teniendo que escribir sólo (vamos, lo de "sólo" es relativo) unos 14 ensayos, varios de los cuales eran ensayos básicos que revisó ligeramente para adaptarlos a las indicaciones de cada universidad.

CONTAR UNA BUENA HISTORIA

Después de leer cientos de ensayos de solicitud cada año, puedo decir que sólo un 5% de los ensayos de solicitud son realmente sobresalientes. Estos ensayos nos dan información sobre quién es el escritor -un adulto joven simpático, interesante y reflexivo- a través de una pequeña historia bien elaborada que muestra, más que cuenta, lo que ha aprendido sobre sí mismo hasta ahora en su vida. Otro 5% están tan mal elaborados o son tan inapropiados que eliminan inmediatamente al estudiante de la consideración de la universidad (somos capaces de detectar estos casos para nuestros clientes y cambiar al estudiante antes de que esos ensayos lleguen a las universidades). El resto del 90% son simplemente...

típicos. No ayudan ni perjudican la solicitud del estudiante, y esos son los que tratamos de ayudar a los estudiantes a nivelar.

Quieres escuchar los peores, ¿no? Bien, empecemos por eso. Hubo un estudiante que habló de ..". leer *Harry Potter* en esas largas visitas al baño" (ningún lector quiere imaginarse a un estudiante en el baño). Para empeorar las cosas, habló de sus pensamientos sobre el uso de las maldiciones prohibidas de esa serie de libros -la maldición de tortura Cruciatus y la maldición asesina Avada kedavra- sobre aquellos que le desagradan. No es difícil entender cómo esto sería una bandera roja importante para cualquier oficina de admisiones. Ese ensayo fue lo que llamaríamos un "re-hacer." Lo paramos en seco, para que nunca vea la luz del día en una oficina de admisiones. Luego ayudamos al estudiante a pensar en un tema diferente para escribir (y sí, si creemos que hay un problema de salud mental preocupante, lo pondremos en conocimiento de los padres).

Otro estudiante entendió mal lo que buscan las universidades selectivas y prestigiosas. Debió de pensar que los responsables de admisiones eran un montón de gente pretenciosa... y que estaba dispuesto a arrastrarse para aterrizar en sus campus: "Los conocimientos que adquiriré en (nombre de la universidad) me harán sobresalir por encima de mis compañeros y me situarán en la élite para llegar a lo más alto." Simplemente... no.

Hace más de una década, uno de los estudiantes con los que trabajé apuntaba a la UC Berkeley y a Stanford. Insistía en que esas escuelas querían admitir líderes (en eso, tenía razón). Pero su visión de lo que era un líder me parecía equivocada.

Era el líder de su tropa de Boy Scouts. Su redacción hablaba de una excursión de la tropa que dirigió a la cima de una montaña cercana a su casa. Toda la redacción trataba de cómo fue el primero en subir a la montaña, adelantándose a todos los demás scouts. Supongo que pensaba que ser el líder significaba estar al frente o ser el primero.

Le sugerí que tal vez quisiera hablar de cómo se ocupó de los scouts más jóvenes para asegurarse de que estaban bien en la excursión, de cómo tal vez les recordó a los demás que se mantuvieran hidratados y que tuvieran cuidado con las serpientes en el camino. Pero no. Insistió en escribir sólo sobre ser el primero en la montaña. Sinceramente, sonaba egocéntrico y arrogante, lo que no es el tipo de líder que buscan las escuelas. Ignoró mi consejo, envió la redacción "Fui el primero en llegar a la cima..". y fue rechazado en ambas escuelas. ¿Fue rechazado sólo por la redacción? No es probable (aunque nunca lo sabremos con certeza), pero ese ensayo ciertamente no lo ayudó en el proceso.

¿Qué hay de las redacciones medias? Se trata de historias que repiten experiencias universales sobre las que muchos estudiantes de secundaria que van a la universidad pueden escribir. Algunos de los temas que con frecuencia golpean a los revisores universitarios con consternación incluyen:

- "Lancé el pase de touchdown ganador."
- "Me rompí el brazo/pierna haciendo deporte y mi recuperación fue un reto."
- "Alguien a quien quiero murió de cáncer, por eso quiero ser médico."
- "Mis padres se divorciaron y mis calificaciones bajaron."
- "Fui a otro país y construí una escuela/casa/orfanato y me di cuenta de lo bien que me va en casa."
- " Tuve un curso difícil y luego tuve que estudiar más para obtener una mejor calificación."
- "Tuve que estudiar desde casa durante el COVID."

No es que el estudiante no pueda escribir sobre cualquiera de esos temas, pero si elige uno de ellos, tiene que tener mucho cuidado de aportar detalles y un ángulo diferente para que la historia sea fresca para el lector y única para él; de lo contrario, quedará relegada al montón de ensayos promedio.

Una vez, un estudiante de mi curso de redacción escribió sobre un viaje a Botsuana para ayudar a construir un orfanato (sí, puse los ojos en blanco cuando leí el primer párrafo del primer borrador y pensé: "Oh, no, una de esas redacciones"). Había escrito sobre cómo vivía en "un típico hogar africano" y cómo se asombraba al comprender por fin lo afortunado que era en su casa, en un pueblo de los suburbios de Estados Unidos.

Cuando me reuní con él para hablar del ensayo, le pedí que, en primer lugar, reconociera que África es un continente entero compuesto por más de 50 países. Entre los pueblos tan dispares se encuentran los nómadas bereberes del Sáhara en sus tiendas, las tribus indígenas del Congo que viven en cabañas en la selva tropical y los egipcios modernos de El Cairo que viven en apartamentos de gran altura. Lo que intentaba decirle al estudiante era que no existe un "hogar africano típico"; esa generalización excesiva le hacía parecer sordo a las enormes variaciones culturales dentro de todos esos países. Le pedí que hiciera la historia menos genérica y más específicamente suya.

Realizó un trabajo increíble al revisar el ensayo para describir el hogar real en el que se alojó con una familia local, para nombrar a uno de los huérfanos de los que se había hecho amigo y para reflexionar sobre lecciones más amplias aprendidas más allá de "me di cuenta de lo afortunado que soy." Ese estudiante terminó en Harvard, lo que sospecho que muy bien podría no haber ocurrido si hubiera presentado el primer borrador de ese ensayo.

¿Y los mejores ensayos de todos? Son pequeñas joyas

encantadoras, historias en las que el estudiante ha sido lo suficientemente valiente como para compartir detalles personales sobre algo que tal vez no funcionó al principio, pero que el estudiante fue capaz de corregir a medida que evolucionaba en madurez y perspectiva. Estas redacciones son memorables y están llenas de pequeños grupos de frases de dos o tres palabras que muestran cómo el escritor ve el mundo de forma un poco diferente a los demás. Por ejemplo, la chica que describió los sonidos de Las Vegas como "auditivamente embriagadores" u otra que escribió sobre su uniceja, llamándola "el frondoso bosque nacional que crece sobre el puente de mi nariz" y "un jersey peludo e incorporado."

Una alumna narró mágicamente su lucha por conseguir las notas correctas en una pieza de piano, cuando de repente se inspiró en el ritmo de un poema que leyó en la clase de inglés. Otra alumna habló de los retos a los que se enfrentaba como minoría étnica en una escuela de mayoría blanca, y de cómo llegó a aceptarse a sí misma, contado a través de la historia de un pequeño pero fundamental incidente en su vida. Otro habló del duro trabajo que supuso reunir su propio dinero para comprar un automóvil averiado, desmontarlo hasta los tornillos y pasar un año arreglándolo de nuevo. Estos relatos están llenos de autenticidad, confianza sin arrogancia e inteligentes elecciones de palabras. Muestran la capacidad del alumno para dejar que la historia lleve el peso de lo que es, lo que piensa y lo que valora.

Si su estudiante está buscando ideas o inspiración sobre cómo suenan este tipo de ensayos, dígale que escuche algunos episodios del podcast *This I Believe* (ThisIBelieve.org) o el podcast *The Moth* (themoth.org). Ambos tienen ejemplos maravillosos de personas que cuentan sus historias en este formato en primera persona.

PUNTOS CLAVE

1. Empezar pronto. Antes de finalizar el primer año de carrera, los estudiantes deberían consultar los temas de redacción de varias de las universidades que tienen en su lista.
2. Se necesita tiempo para escribir ensayos reflexivos. Ayude a su estudiante a hacer una lluvia de ideas sobre historias e incidentes de su vida que puedan servir como temas de ensayo. Deberían empezar a escribir en el verano y terminar tantos ensayos como sea posible para evitar un otoño dolorosamente estresante.
3. Escuchen los podcasts *This I Believe* y *The Moth* para obtener ideas sobre cómo contar una historia y cómo dar forma a una narración en primera persona.

12

Ensayos: Los seis ensayos principales

En el último capítulo, mencioné los seis ensayos principales que el estudiante debe escribir antes de comenzar el último año. El objetivo debería ser terminar estos ensayos básicos durante el verano antes del último año. Trabajar en ellos durante el verano les quita la presión de tratar de abordarlos en otoño, cuando hay más presión de tiempo (por no mencionar los deberes para las clases del último año), y les da el regalo de tiempo para desarrollar las mejores historias.

Los estudiantes que tienen su lista de universidades finalizada a principios del verano pueden crear una cuenta en la Common App y pescar los temas de redacción del año pasado para ver lo que normalmente pide cada universidad. Estas preguntas cambian de vez en cuando, pero si el estudiante se espera a recopilar las preguntas hasta que la Common App se actualice en agosto, perderá todo ese tiempo en junio y julio para avanzar en los ensayos. Sí, puede que acabe escribiendo uno o dos ensayos más, pero eso es mejor que intentar meter demasiados ensayos en un periodo de tiempo demasiado corto después de agosto.

Vamos a repasar cada una de las redacciones principales para que su estudiante sepa qué esperar.

ENSAYO BÁSICO NÚMERO 1: EL ENSAYO "PRINCIPAL"

La gran mayoría de los estudiantes solicitarán al menos una universidad que utiliza la Solicitud Común como su portal de solicitud en línea. Hablaremos más sobre los portales en el próximo capítulo, pero, por ahora, sepa que el estudiante tendrá que escribir un ensayo "principal" para la Solicitud Común.

Este ensayo se enviará a todas las escuelas de la Solicitud Común, por lo que es fundamental que esté bien escrito y que ayude a las universidades a conocer algunos aspectos clave de quién es el estudiante. También debe transmitir que el estudiante es competente, interesante y agradable.

Para muchos de mis estudiantes es una sorpresa saber lo cortos que pueden ser los ensayos de solicitud de ingreso a la universidad. El ensayo principal de la Common App tiene un límite de palabras de 650 (y no debería tener menos de 500 palabras). El estudiante puede seleccionar el tema de su ensayo de entre siete temas que no varían mucho de un año a otro. Las opciones incluyen preguntas sobre los antecedentes del estudiante, las lecciones que ha aprendido de los obstáculos, un momento en el que el estudiante cuestionó una creencia o idea, lo que alguien ha hecho por él que le ha hecho feliz, un logro o evento que desencadenó el crecimiento personal, un tema que encuentra atractivo, o un tema de la elección del estudiante. Puede buscar en Google "Common App essay prompts" para obtener el texto exacto.

Una rápida aclaración: he mencionado que la mayoría de los estudiantes envían el mismo ensayo principal de la Solicitud Común a cada una de las escuelas que utilizan esa plataforma, pero en realidad es posible escribir varias versiones que van a diferentes escuelas. La mayoría de los estudiantes prefieren no hacer esa redacción adicional, así que no entraré en detalles sobre cómo hacerlo aquí.

Animo a los estudiantes a escribir primero este ensayo principal de la Common App para que, cuando el estudiante considere sobre qué escribir en los ensayos complementarios, pueda encontrar un tema que complemente y no se solape con el tema del ensayo principal.

ENSAYO BÁSICO NÚMERO 2: ¿POR QUÉ NUESTRA UNIVERSIDAD?

¿Recuerda que en el capítulo 9 hablé de la importancia del "interés demostrado" por parte del estudiante? El ensayo "¿Por qué nuestra universidad?" es una de las formas en que las universidades miden cuánto sabe el estudiante sobre su institución en particular. Quieren saber exactamente por qué su universidad le interesa al estudiante.

Cuando una universidad pregunta esto, el estudiante debe dar respuestas que sean absoluta y exclusivamente específicas para esa universidad y hacerlo de una manera que demuestre que realmente ha investigado sobre esa institución. Si escriben una redacción en la que pueden tachar el nombre de la universidad y sustituirlo por el de otra y la redacción sigue teniendo sentido, entonces no han hecho su trabajo.

He aquí un ejemplo de lo que no se debe escribir:

Siempre he querido estudiar biología y sé que la Universidad ABC ofrece esa carrera.

¿Ve usted cómo puede tachar "Colegio ABC" y escribir "Colegio XYZ" y no habría ninguna diferencia en la frase? No hay ninguna diferencia en la frase, pero sí la hay para la universidad ABC a la hora de decidir si se admite al estudiante.

En cambio, el estudiante debe aspirar a algo mucho más específico, como por ejemplo

La extensa colección de Harvard, con más de 403.000 especímenes de braquiópodos en el Museo de Zoología Comparada, me permitiría continuar mis estudios sobre los efectos de la acidificación del océano en estos organismos marinos.

Esta es otra afirmación demasiado genérica para ganar puntos para el escritor:

Siempre he querido ir a la universidad en Boston.

En Boston hay unas 35 universidades, así que no se trata de establecer una conexión con ninguna universidad en concreto.

En su lugar, intente algo como:

En Emerson, podría presentar un programa de radio en WERS o incluso producir un programa de campo en The Emerson Channel.

LA TÉCNICA DE CREMALLERA MÁS FÁCIL DE LOS ENSAYOS

Imparto un curso de redacción en línea llamado *Easiest Essays Ever*, y, en él, describo mi técnica de la cremallera. Los estudiantes tienen que escribir los ensayos "Por qué nuestra universidad" como si estuvieran cerrando una cremallera. Un lado de la cremallera es el estudiante: sus intereses en una especialidad, en actividades extracurriculares, en investigación, en una carrera. En el otro lado de la cremallera está la universidad: sus recursos específicos, sus clubes, sus profesores y programas. El ensayo debe entrelazar con elegancia los intereses del estudiante y las ofertas de la universidad, uniendo ambas cosas hasta que el lector pueda imaginarse con precisión cómo aprovecharía ese estudiante las oportunidades disponibles en el campus.

El estudiante debe comenzar la cremallera con lo que busca en una universidad y luego escribir sobre un recurso de la universidad que se ajuste a lo que busca. A continuación, el ensayo vuelve al estudiante: un campo que le gustaría estudiar. A continuación, vuelve a la universidad: un profesor conocido en ese campo. De vuelta al estudiante, un club en el que le gustaría participar, y de vuelta a la universidad, la sección de ese club en su campus.

Para que esto funcione, los estudiantes tienen que profundizar en el sitio web de la universidad. Encontrar un profesor cuyo trabajo les interese. Tal vez les gustaría tomar una clase de esta persona o solicitar trabajar en su laboratorio o como algún tipo de asistente. Haga que encuentren al menos una especialidad o programa que tenga algo que les interese. Encuentre una actividad extraescolar en la que pueda participar en el campus.

Cuando el estudiante puede incluir este tipo de detalles específicos del campus en un ensayo y describir cómo esos detalles encajan con los antecedentes y objetivos del estudiante, ayudarán al equipo de admisiones a imaginarse al estudiante en su campus y a entender cómo el estudiante aprovecharía los recursos únicos que la universidad tiene para ofrecer.

La mayoría de las redacciones "¿Por qué nuestra universidad?" son bastante cortas, entre 100 y 400 palabras. No hay lugar para la palabrería. El estudiante debe hacer hincapié en mostrar cómo la universidad se alinea con lo que el estudiante está buscando. Deben evitar contar a los lectores de admisiones hechos que ya conocen sobre su propia institución (..". con sus prestigiosos programas y una proporción de 12:1 entre estudiantes y profesores...").

El inconveniente de este tipo de ensayos es que los estudiantes sólo pueden pre escribir, o al menos pre planificar, su mitad del cierre. La parte de la cremallera específica de la universidad debe ser personalizada para cada universidad de su lista.

ENSAYO BÁSICO NÚMERO 3: ¿QUÉ HAS HECHO PARA MEJORAR TU COMUNIDAD?

¿Qué ha hecho su estudiante para mejorar la vida de las personas de su escuela, iglesia o comunidad cívica? Las universidades predicen la implicación de un estudiante en su campus midiendo el grado de implicación del estudiante en su ciudad natal o en la comunidad del instituto. Los estudiantes deben ser capaces de escribir sobre este tema con entusiasmo y energía, dando detalles y datos sobre su impacto.

A continuación se presentan algunos ejemplos de preguntas formuladas en un ciclo de solicitud reciente. Fíjese en las similitudes entre estas preguntas. Si un estudiante tiene una historia que contar que aborda este tema general, entonces esa historia puede ser fácilmente modificada para responder a cada solicitud específica y al número de palabras.

- **MIT:** En el MIT, unimos a la gente para mejorar la vida de los demás. Los estudiantes del MIT trabajan para mejorar sus comunidades de diferentes maneras, desde abordar los mayores retos del mundo hasta ser un buen amigo. Explica una forma en la que hayas contribuido a tu comunidad, ya sea en tu familia, en el aula, en tu comunidad, etc. (250 palabras)
- **Occidental:** La misión central de Oxy enfatiza el valor de la comunidad en medio de la diversidad. ¿Qué valoras en una comunidad y cómo crees que tus perspectivas y

experiencias vitales la mejoran? (300 palabras)

- **Swarthmore:** La visión del mundo de los alumnos de Swarthmore suele forjarse gracias a sus experiencias previas y a su exposición a ideas y valores. Nuestros estudiantes suelen ser orientados, apoyados y desarrollados por su contexto inmediato, en sus colonias, comunidades de fe, familias y aulas. Reflexiona sobre qué elementos de tu hogar, escuela o comunidad te han formado o han tenido un impacto positivo en ti. ¿Cómo has crecido o cambiado gracias a la influencia de tu comunidad? (250 palabras)

- **Universidad de Michigan, Ann Arbor:** Todo el mundo pertenece a muchas comunidades y/o grupos diferentes definidos (entre otras cosas) por la geografía, la religión, la etnia, los ingresos, la cocina, los intereses, la raza, la ideología o la herencia intelectual que comparten. Elige una de las comunidades a las que perteneces y describe esa comunidad y tu lugar en ella. (300 palabras)

- **Universidad de Washington, Seattle:** Nuestras familias y comunidades suelen definirnos a nosotros y a nuestros mundos individuales. La comunidad puede referirse a tu grupo cultural, familia extensa, grupo religioso, barrio o escuela, equipo o club deportivo, compañeros de trabajo, etc. Describe el mundo del que procedes y cómo tú, como producto de él, podrías contribuir a la diversidad de la Universidad de Washington. (300 palabras)

Como padre, usted puede apoyar a su estudiante mostrándole cómo llevar una lista actualizada de sus actividades. Si está haciendo este ejercicio a mediados del tercer año, es posible que haya olvidado algunas de sus actividades de principios de la preparatoria, así que trabajen juntos para asegurarse de que no se haya olvidado nada. Hágales ver y, si es posible, cuantificar su impacto (por ejemplo, el total de fondos recaudados, el número de artículos entregados, el número de personas ayudadas). Estos datos no sólo se incluyen en el currículum y en la lista de actividades, sino que también pueden aportar ideas para temas de redacción.

ENSAYO BÁSICO NÚMERO 4: DÍGANOS POR QUÉ HA ELEGIDO SU ESPECIALIDAD

Los responsables de las admisiones universitarias pueden aprender mucho sobre un solicitante en este tipo de ensayos. A veces sienten verdadera curiosidad por saber cómo ha llegado el estudiante a considerar su posible especialidad (es frecuente que se pida a los estudiantes que indiquen su primera opción en las solicitudes universitarias). Quieren saber si el estudiante es capaz de expresarse sobre el campo y si puede hablar desde una experiencia real. También buscan la concordancia entre lo que el estudiante afirma que es su especialidad y los cursos y actividades extracurriculares en los que ha participado.

He aquí algunos ejemplos de preguntas:

- **Universidad Luterana de California:** ¿Qué te interesa de la carrera que quieres estudiar? (250 palabras como máximo)
- **Georgia Tech (Instituto Tecnológico de Georgia):** ¿Por qué quieres estudiar la especialidad elegida específicamente en Georgia Tech? (300 palabras como máximo)
- **Universidad de Lehigh:** Entendiendo que algunos estudiantes cambiarán de universidad en Lehigh después del primer año, por favor describe brevemente por qué elegiste aplicar a la universidad de primera elección o a la

especialización que mencionaste anteriormente. (200 palabras como máximo)

- **Universidad Loyola Marymount:** Por favor, explica brevemente la razón por la que deseas asistir a LMU y/o cómo llegaste a seleccionar tu especialidad. (500 palabras como máximo)
- **Universidad de Purdue:** Explica brevemente las razones por las que has elegido la especialidad. (100 palabras como máximo)
- **Universidad de Rice:** Explica por qué deseas estudiar en las áreas académicas que has seleccionado. (150 palabras)
- **Universidad de Colorado, Boulder:** Por favor, comparte un poco más sobre tus intereses académicos. ¿Qué esperas estudiar en CU Boulder? ¿Qué ha inspirado tus intereses en esta área? O, si estás indeciso, ¿qué área(s) de estudio estás considerando? Piensa en tus cursos anteriores/actuales, actividades extracurriculares, experiencias de trabajo/voluntariado, objetivos futuros, o cualquier otra cosa que haya dado forma a tus intereses. (250 palabras como máximo)

La alineación entre los diferentes elementos de una solicitud muestra la autenticidad de lo que el estudiante está diciendo; la desalineación es una bandera roja. Por ejemplo, a veces los estudiantes interesados en carreras competitivas saben que su elección puede dificultar su admisión en una universidad, por lo que algunos intentan ser admitidos a través de una carrera menos competitiva y luego esperan cambiarse a su carrera preferida una vez que estén en el campus.

Esto puede ocurrir, por ejemplo, en el caso de los estudiantes que son preseleccionados para medicina (que no es realmente una especialidad, sino una secuencia de clases específicas requeridas para la admisión en la facultad de medicina). Si un estudiante indica que es pre-médico o que está interesado en la biología en los formularios de solicitud, la universidad puede considerar su solicitud en comparación con las solicitudes de otros pre-médicos y tener un nivel de exigencia más alto que el de los solicitantes con otro interés. Por eso, algunos estudiantes de pre-médica esquivan las carreras de biología o bioquímica en favor de, por ejemplo, arte o estudios clásicos, que creen que les ayudarán en sus posibilidades de admisión.

Sin embargo, si un estudiante afirma estar interesado en especializarse en clásicas (aprender a hablar y leer griego y/o latín, estudiar la cultura y la literatura de la antigüedad) pero ninguna de sus actividades extracurriculares o clases tiene nada que ver con las clásicas, los funcionarios de admisión captarán ese desajuste.

Del mismo modo, digamos que un estudiante declara que es pre-médico, pero el estudiante no tiene ninguna experiencia fundamental durante los veranos o en sus actividades extracurriculares donde, en esencia, han estado alrededor de ese campo para probarlo. La solicitud de ese estudiante no será tan sólida como la de un estudiante que se haya ofrecido como voluntario en un hospital, que haya hecho prácticas en un laboratorio médico y que se haya ofrecido como voluntario para ayudar en las clínicas de vacunación COVID-19; en otras palabras, el estudiante que haya estado rodeado de personas que trabajan a diario en el campo y que tenga una idea más fundamentada de lo que implica el campo.

ENSAYO BÁSICO NÚMERO 5: HÁBLANOS DE UNA DE TUS ACTIVIDADES EXTRACURRICULARES

A veces este ensayo se alinea con el ensayo "¿Qué has hecho para mejorar tu comunidad?." El estudiante puede escribir un ensayo que responda a ambos temas y utilizarlos para diferentes universidades. Esta pregunta se refiere específicamente a algo fuera de lo académico que es importante para el estudiante.

Estos son algunos ejemplos de preguntas:

- **Universidad de Stanford:** Explica brevemente una de tus actividades extracurriculares, un trabajo que tengas o las responsabilidades que tengas con tu familia. (50 palabras)
- **Universidad de Portland:** Describa brevemente una de sus actividades extracurriculares o experiencias laborales. (250 palabras como máximo)
- **MIT:** Sabemos que llevas una vida muy ajetreada, llena de actividades, muchas de las cuales se te exigen. Cuéntanos algo que hagas simplemente por placer. (250 palabras como máximo)
- **Princeton:** Explica brevemente una actividad, organización, experiencia laboral o afición que haya sido especialmente significativa para ti. (Responda en unas 150 palabras)
- **Harvard:** Su vida intelectual puede extenderse más allá de los requisitos académicos de su escuela en particular. Por favor, utilice el espacio siguiente para enumerar actividades intelectuales adicionales que no haya mencionado o detallado en otra parte de su solicitud. Éstas podrían incluir, pero no se limitan a, proyectos supervisados o autodirigidos que no se hayan realizado como trabajo escolar, experiencias de formación, cursos en línea no dirigidos por su

escuela, o programas académicos o de investigación de verano no descritos en otra parte. (150 palabras)

TEMA DE ENSAYO COMPLEMENTARIO NÚMERO 6: ¿CÓMO TE IDENTIFICAS?

Esta es una novedad de los últimos años. Es una oportunidad para que los estudiantes hablen de su raza, etnia, identidad de género, orientación sexual u otro aspecto de su identificación. A veces esta redacción es opcional, pero otras veces es obligatoria. Ejemplos:

- **Universidad de Colorado, Boulder:** En la Universidad de Colorado Boulder, no hay dos estudiantes iguales. Valoramos la diferencia y apoyamos la equidad y la inclusión de todos los estudiantes y sus múltiples identidades cruzadas. Elige una de tus identidades únicas y describe su significado. (650 palabras)
- **Universidad de Carolina del Norte, Chapel Hill:** Describe un aspecto de tu identidad (por ejemplo, tu religión, cultura, raza, identidad sexual o de género, grupo de afinidad, etc.). ¿Cómo ha influido este aspecto de tu identidad en tus experiencias vitales hasta ahora? (200-250 palabras)
- **Universidad Lewis y Clark:** En Lewis & Clark, nos esforzamos por ser una comunidad inclusiva. Reflexionando sobre una parte de tu identidad (por ejemplo, tu cultura, raza, estado de capacidad, sexo, identidad/expresión de género, orientación sexual, origen nacional, afiliación política, religión, edad o condición de veterano, etc.), comparte con nosotros una experiencia en la que te hayas enfrentado a la diferencia. (300 palabras)
- **Chapman:** Cada estudiante de Chapman tiene múltiples

identidades que crean el tejido diverso de nuestra comunidad. A nuestro comité le gustaría conocer la interseccionalidad de tus identidades y cómo éstas han jugado un papel crucial en tu vida. (200 palabras como máximo)

- **Duke:** La Universidad de Duke busca un cuerpo estudiantil talentoso y comprometido que encarne la amplia gama de experiencias humanas; creemos que la diversidad de nuestros estudiantes hace que nuestra comunidad sea más fuerte. Si quieres compartir una perspectiva que aportes o experiencias que hayas tenido que nos ayuden a entenderte mejor, tal vez una comunidad a la que perteneces o tu familia u origen cultural, te animamos a que lo hagas aquí. Personas reales están leyendo tu solicitud, y nosotros queremos hacer todo lo posible para entender y apreciar a las personas reales que solicitan entrar en Duke. (Límite de 250 palabras)

AYUDAR AL ESTUDIANTE A EMPEZAR

Una de las ironías de las admisiones universitarias es que los estudiantes que afirman estar preparados para los rigores académicos de la universidad -que incluyen la capacidad de gestionar su tiempo y mantener el ritmo de los largos proyectos de investigación- procrastinan casi universalmente la redacción de sus ensayos de solicitud de ingreso a la universidad. Pero como todos los grandes proyectos que parecen desalentadores al principio, cada ensayo universitario se aborda mejor en varios pasos pequeños durante un largo período de tiempo.

El primer paso, y el que causa más consternación en los estudiantes, es averiguar sobre qué tema escribir. El truco está en que el alumno se tome el tiempo necesario para reflexionar sobre sí mismo. A muchos estudiantes les resulta incómodo sentarse en silencio y pensar en sus propias vidas e intentar descifrar dónde y cómo, exactamente, llegaron a ser las personas que son. Pero eso es exactamente lo que las universidades quieren saber: quiénes son más allá de las calificaciones y los resultados de los exámenes, cómo piensan y qué valoran.

A los estudiantes que se sientan estancados, les sugiero que creen una línea de tiempo de sus vidas y traten de señalar cualquier momento -una conversación, una experiencia- que no haya parecido tan importante en ese momento pero que, al reflexionar, haya cambiado o definido más claramente quiénes son y hacia dónde van en la vida. Recuerde que nunca es demasiado tarde para tener una epifanía, y las epifanías frecuentemente pueden ser un buen material para los temas de los ensayos de solicitud.

Una vez que han escrito unos cuantos momentos, les pido que intenten escribir de forma improvisada, como si nadie estuviera viendo o editando o preocupándose por la ortografía, la puntuación o la gramática. Sólo tienen que contar la historia de ese momento. Si encuentran uno en el que los recuerdos o los pensamientos fluyen con bastante rapidez, puede que tengan algo.

El segundo paso consiste en utilizar los aspectos positivos de la sesión de escritura para iniciar la redacción del ensayo. La elección del enfoque, el lenguaje, la organización y el suspenso (o la falta de él) del estudiante son todos ellos un juego justo para el ojo elogioso (o crítico) del funcionario de admisiones. Una pequeña historia siempre funciona mejor cuando se escribe un ensayo de solicitud. Hace que el ensayo sea más interesante para el lector, ciertamente más interesante que leer un ensayo que es simplemente una lista de los logros del estudiante en la escuela secundaria.

En mi curso de redacción, solemos hablar de cómo organizar la historia de forma dinámica -casi nunca siguiendo el orden cronológico- y leemos ejemplos de redacciones que muestran estas estrategias en acción. Los alumnos escriben, reciben comentarios, reescriben y reciben más comentarios. Volvemos a hablar de ello varias veces hasta que los alumnos consiguen que sus redacciones sean correctas.

Los estudiantes deben planificar la escritura de al menos dos borradores de cada ensayo antes de llegar a una versión final. Deberían regalarse el tiempo necesario para escribir un borrador decente y luego dejarlo de lado durante una semana. Se sorprenderán cuando vuelvan a él de lo rápido que verán lo que hay que reforzar y lo que hay que podar.

Para el segundo borrador, los alumnos pueden obtener la opinión de uno o dos adultos con conocimientos lingüísticos, tal vez un profesor de inglés o un orientador escolar. Desgraciadamente, en la mayoría de los casos, usted, como padre, no podrá darles la información objetiva que ellos aceptarían y encontrarían útil. Los padres deben ser conscientes de que incluso los buenos consejos no sirven de nada si cambian el tono de la redacción hacia algo que no se ajusta al estudiante.

Después de esta siguiente ronda de revisiones, el estudiante debe volver a dejar el ensayo en el estante durante una o dos semanas más, y entonces estará listo para leerlo de nuevo una última vez con ojos frescos y crear una versión final. Entonces, y sólo entonces, deberá hacer una corrección final de la ortografía, la puntuación y la gramática, cada una de las cuales debe ser lo más perfecta posible en el ensayo final que el estudiante presente a las universidades.

Si su hijo quiere un apoyo adicional con los ensayos, mi curso en línea *Los Ensayos Más Fáciles de la Historia* ofrece a los estudiantes una serie de tareas que divide el proceso de escritura en partes manejables para ayudar a superar la tentación de procrastinar. Mi equipo de asesores y yo revisamos las redacciones y proporcionamos al estudiante comentarios sobre varias versiones de cada una de las redacciones que escribe en el curso, tras lo cual paso la mejor versión por un corrector profesional para una revisión final.

Por favor, anime a su alumno a que se ocupe de sus redacciones en verano. Los ensayos escritos bajo el estrés de la presión de la fecha límite casi nunca muestran el mejor trabajo del estudiante.

UNAS PALABRAS DE PRECAUCIÓN

A veces, los padres se ven tan afectados por la idea de que el futuro exitoso de su hijo depende de su admisión en la universidad A o en la universidad B que se pierden en el frenesí -quizás no al grado del escándalo de admisión de Varsity Blues de 2019, pero en esa misma línea. Bajo ninguna circunstancia debe usted, como padre, escribir la redacción de su alumno por él. En primer lugar, desautorizará completamente a su estudiante al hacerlo. Es como si dijera: "Esto es demasiado importante, y no confío en que hagas el trabajo bien por ti mismo."

En segundo lugar, escribir el ensayo personal de otra persona es, por supuesto, muy poco ético y deshonesto, y estos padres están básicamente modelando a su estudiante cómo hacer trampa. La integridad de los padres se va por la ventana.

Ese debería ser el final de la historia, pero seguiré porque he visto cómo ocurre (incluso el año pasado, cuando una estudiante que tenía problemas con sus redacciones se presentó de repente con cinco de ellas listas, todas escritas con la voz de una persona de 50 años y hablando efusivamente de la maravillosa influencia de sus padres, con el último párrafo hablando de "Y cuando llegue al campus, ella...."

Recuerde: los funcionarios de admisiones de las universidades han leído suficientes ensayos de este tipo como para olfatear un ensayo de los padres a una milla de distancia (incluso cuando los padres son lo suficientemente cuidadosos como para no mezclar sus pronombres o inyectar auto-elogios en el texto) y en realidad puede *perjudicar* las posibilidades de admisión de un estudiante para enviar ese ensayo, pulido y elocuente como puede ser.

Incluso si una redacción impostora pasa desapercibida para las admisiones y el estudiante es aceptado en la universidad, el estudiante sabrá, durante sus años universitarios y para el resto de su vida, que no se ganó su admisión por sus propios méritos. Hicieron trampa para entrar. Esto puede destruir la confianza del estudiante en sí mismo y dañar la relación entre padres y estudiantes durante años.

PUNTOS CLAVE

1. La mayoría de mis clientes solicitan al menos una universidad que requiere un ensayo de 650 palabras para la Solicitud Común. Ese es un ensayo clave para finalizar durante el verano.

2. El estudiante puede revisar las universidades de su lista y ver cuáles requieren un ensayo "¿Por qué nuestra universidad?". El estudiante debe tener su mitad de la Técnica de la cremallera lista y debe escribir al menos uno de estos ensayos durante el verano.

3. Ayude a su estudiante a pensar en historias e incidentes de su vida que podrían funcionar como tema de ensayo. Los temas más comunes piden a los estudiantes que reflexionen sobre su comunidad, su impacto, sus actividades extracurriculares y por qué están interesados en la carrera que han indicado en la solicitud.

4. Pida a alguien que sepa de ensayos universitarios que corrija y revise los relatos para comprobar la idoneidad del tema, el tono, la gramática y la puntuación.

13

Los portales de solicitud

L os portales de solicitud son los sitios en línea donde el estudiante rellena los formularios de solicitud y sube sus ensayos, currículum y otros materiales relevantes. Algunos de los portales más utilizados son la Solicitud Común, ApplyTexas, la Universidad de California y los portales del sistema de la Universidad Estatal de California. Entender y manejar los portales de solicitud es clave para conseguir que todo se reúna y se presente a tiempo, por lo que los estudiantes tendrán que estar al tanto del proceso.

Parte de lo que hace que la solicitud de ingreso a la universidad sea complicada es que hay muchos sitios web y portales de solicitud que los estudiantes deben rastrear, razón por la cual es útil mantener todos los enlaces y la información de acceso en un documento clave u hoja de cálculo. Si su estudiante no está familiarizado con el uso de una hoja de cálculo, ahora puede ser una gran oportunidad para ayudarle a desarrollar esa habilidad.

La mayoría de los estudiantes que solicitan admisión en universidades privadas de cuatro años acaban creando cuentas en varios de los portales de solicitud. Los estudiantes pueden buscar en la página de admisiones del sitio web de cada universidad para saber qué portal o portales de solicitud utilizan. Algunas universidades, como el MIT, la Universidad de Georgetown, el Endicott College y muchas escuelas de arte, tienen sus propios portales de solicitud, que no comparten con otras universidades.

Todos los portales principales se abren para la temporada de solicitudes de otoño a principios de agosto, por lo que es una buena idea reservar varios días o algunos fines de semana de ese mes para que el estudiante introduzca los detalles de cada solicitud. No es un trabajo difícil, pero es tedioso y requiere mucho tiempo. Estos son los portales más utilizados.

LA SOLICITUD COMÚN
CommonApp.org

Los estudiantes pueden aplicar a más de 900 universidades a través de la Solicitud Común. Este sitio web se cierra a finales de julio de cada año, depura todos los plazos, las preguntas de los ensayos y la información del último ciclo de admisión, y luego vuelve a estar en línea alrededor del 1 de agosto para el nuevo ciclo de admisión.

La parte "común" de la solicitud (y la única parte que no se purga a finales de julio) se encuentra en la pestaña "Common App" de la página de inicio de la cuenta del estudiante. Incluye el nombre legal completo del estudiante, información sobre sus padres y hermanos, y la preparatoria actual o más reciente (con espacio para añadir preparatorias si el estudiante asistió a más de una). Esta información básica sobre el estudiante se envía a todas las universidades a las que el estudiante está aplicando en la Common App.

La pestaña "Búsqueda de universidades" permite a los estudiantes seleccionar entre las 900 universidades de la Common App y añadir las universidades de su lista a la pestaña "Mis universidades," que contiene los datos específicos de la universidad que el estudiante debe introducir para cada universidad. Si desea ver un video de estas secciones de la Common App, visite la página de recursos de este libro en https://www. CollegePrepCounseling.com/resources.

APPLYTEXAS
goapplytexas.org

Hay 53 escuelas en el Estado de la Estrella Solitaria que utilizan la aplicación ApplyTexas, incluyendo la Universidad Metodista del Sur y los campus de la Universidad de Texas en El Paso, Austin, Dallas y Arlington. La solicitud se abre tradicionalmente el 1 de agosto para la temporada de admisión de ese otoño.

La solicitud de ApplyTexas tiene tres secciones. En la primera sección, el estudiante tiene que introducir su información de perfil (nombre, dirección, fecha de nacimiento y ciudad/país de nacimiento, preparatoria, etc.). Es un fastidio, ya que el perfil tiene 10 páginas, y no se puede avanzar hasta que se complete toda la información de cada página en secuencia. Además, se pide información que es en gran medida irrelevante para el solicitante, a menos de que algún día acabe en el campus (por ejemplo, información de contacto en caso de emergencia).

En la segunda sección, el estudiante puede iniciar una solicitud para una escuela específica de Texas. Tenga en cuenta que la solicitud de ApplyTexas desglosa las actividades y extracurriculares en cuatro páginas: extracurriculares, servicio comunitario/voluntario, talentos/honores/premios y empleo/prácticas/actividades de verano. El estudiante debe planificar con anticipación cómo dividirá sus actividades para abarcar estas distintas páginas. La tercera sección permite al estudiante presentar la solicitud una vez completada.

LA UNIVERSIDAD DE CALIFORNIA
Apply.universityofcalifornia.edu

Hay nueve campus de la Universidad de California (conocidos como "UC") que aceptan solicitudes de estudiantes de preparatoria para la admisión de estudiantes de primer año: UC Berkeley, UC Davis, UC Irvine, UC Los Angeles (conocida como UCLA), UC Merced, UC Riverside, UC San Diego, UC Santa Barbara y UC Santa Cruz.

Al igual que el resto de portales de los que hemos hablado hasta ahora, la solicitud de la UC se abre para que los estudiantes empiecen a rellenar los formularios el 1 de agosto. Sin embargo, los estudiantes sólo pueden presentar las solicitudes completas entre el 1 de octubre y el 30 de noviembre.

La solicitud es la misma tanto si el estudiante aplica en una UC como si lo hace en todas ellas. La única diferencia es que el estudiante tendrá que indicar la especialidad que le interesa y pagar el importe adicional de 70 dólares por cada campus. La solicitud requiere que el estudiante escriba cuatro "Preguntas de percepción personal" de hasta 350 palabras cada una, independientemente de si el estudiante está solicitando sólo un campus o varios. Las ocho preguntas que los estudiantes pueden elegir no suelen cambiar mucho de un año a otro. Si hace una búsqueda en Internet sobre "UC PIQs," podrá encontrar las preguntas rápidamente.

EL SISTEMA UNIVERSITARIO ESTATAL DE CALIFORNIA (CSU)
calstate.edu/apply

Hay 23 universidades estatales de California, incluyendo la CSU Long Beach, la CSU Fullerton, la Universidad Estatal de San Diego, la Universidad Estatal de Chico, la Universidad Estatal de San José y los dos campus politécnicos, Cal Poly San Luis Obispo y Cal Poly Pomona.

Sólo hay una solicitud, pero cada campus al que el estudiante está aplicando tendrá algunas preguntas rápidas para que el estudiante responda. No hay ensayos y no piden cartas de recomendación o información detallada sobre las actividades extracurriculares del estudiante.

APPLYSUNY
https://www.suny.edu/applysuny/

Hay más de 50 escuelas del sistema de la Universidad Estatal de Nueva York (SUNY) que utilizan el portal de solicitudes apply-SUNY. Hay una solicitud básica de SUNY y una solicitud complementaria para algunos campus. La solicitud conduce al estudiante a través de una serie de páginas, indicadas por pestañas en la parte superior de la página, en las que se le hacen preguntas sobre su nombre, dirección, fecha de nacimiento, familia, educación, actividades, experiencias laborales, etc. Algunos campus, pero no todos, exigen una redacción. Han alineado la pregunta y el límite de palabras del ensayo de SUNY con los del ensayo principal de la Common App, por lo que el estudiante debería poder reutilizar su ensayo de la Common App aquí.

ALINEACIÓN DE LA LISTA DE ACTIVIDADES DEL ESTUDIANTE CON CADA PORTAL

La importancia del currículum vitae de los alumnos ya se comentó en el capítulo 4. Una vez que el estudiante haya empezado a crear cuentas en los distintos portales, tendrá que tomar la información del currículum y adaptarla a la sección de actividades de cada portal. Muchas universidades permiten que el estudiante suba su currículum real, pero eso es un complemento, no un sustituto, de la lista de actividades.

En la sección de actividades de la Solicitud Común, los estudiantes tienen instrucciones de enumerar sus actividades en orden de importancia para el estudiante. También les digo a los estudiantes que el orden debe tener en cuenta qué actividades apoyan mejor la narrativa de la solicitud. Por ejemplo, los futuros estudiantes de ingeniería podrían querer enumerar primero sus logros en ingeniería. También hay que tener en cuenta que, en el portal de la Solicitud Común, el estudiante está limitado a sólo 10 entradas.

Me gusta que los estudiantes empiecen con el currículum porque tienen vía libre para describir con detalle lo que han hecho en cada actividad. Luego, en las listas de actividades de los portales de solicitud, pueden decidir cómo condensar la información para ajustarse al límite de palabras o caracteres. Los portales de aplicación tienen formatos muy específicos que el estudiante debe seguir para introducir los detalles de su actividad. Estos formatos limitan en gran medida el número de palabras o caracteres que un estudiante puede utilizar para describir lo que ha hecho.

Por ejemplo, en la Common App, los estudiantes están limitados a 50 caracteres para describir su cargo, 100 caracteres para describir la organización y 150 caracteres para describir lo que hicieron. Esto significa que los estudiantes deben ser inteligentes y concisos en cuanto a la forma de presentar la información. Así es como nuestro jugador de lacrosse del ejemplo de currículum del capítulo 5 podría incluirlo en el Common App:

Tipo de actividad: Atletismo: JV/Varsity (en el menú desplegable)

Deporte/Equipo: Lacrosse (en el menú desplegable)

Descripción del cargo/liderazgo (máximo de caracteres: 50): Capitán del equipo

Nombre de la organización (caracteres máximos: 100): Equipo de Lacrosse Varsity de la Escuela Secundaria Summerville

Por favor, describa esta actividad, incluyendo lo que logró y cualquier reconocimiento que recibió, etc. (caracteres máximos: 150):

Organizó las reuniones del equipo; ayudó a desarrollar el programa de entrenamiento; ayudó a resolver los conflictos / elevar la moral. Llevó al equipo a los campeonatos estatales.

Tengo un video que muestra cómo llenar esta sección del Common App en la página de recursos de este libro en https://www.CollegePrepCounseling.com/resources.

LISTAS DE ACTIVIDADES EN OTROS PORTALES

Es posible que su estudiante presente las solicitudes a través de algunos de los otros portales de los que hemos hablado. Cada uno de ellos es un poco diferente y requerirá que el estudiante, una vez más, reorganice sus actividades principales.

Por ejemplo, en la aplicación de la Universidad de California, los estudiantes pueden enumerar hasta 20 actividades y utilizar hasta 350 caracteres para cada descripción. Como se mencionó anteriormente, la aplicación ApplyTexas tiene diferentes páginas para que el estudiante utilice los diferentes tipos de actividades (Actividades Extracurriculares, Servicio Comunitario/Voluntario, Talentos/Premios/Honores). El estudiante debe ver las secciones de actividades para cada uno de sus portales y luego ajustar la organización de sus actividades en consecuencia.

PORTALES ESPECÍFICOS DE LA ESCUELA PARA DESPUÉS DE PRESENTAR LAS SOLICITUDES

Una vez que el estudiante ha enviado sus solicitudes desde los distintos portales, algunas universidades envían a los solicitantes a un nuevo portal web específico de la universidad que permite a los estudiantes comprobar el estado de su solicitud (por ejemplo, ¿ha recibido la universidad todos los componentes o falta algo?), comunicar los vencimientos y entregar las decisiones finales de admisión y ayuda financiera.

Es fundamental que los estudiantes mantengan un registro de la URL y de su información personal de acceso a cada uno de estos portales. Deben conectarse con regularidad para asegurarse de que su solicitud está completa y de que responden a cualquier pregunta adicional que las universidades puedan tener.

Tenga en cuenta que, a veces, las universidades pueden tardar varios días en reunir y consolidar los documentos enviados por el estudiante, por la preparatoria y por las agencias examinadoras, y luego un poco más en actualizar la información del portal. Si su estudiante está seguro de que todo ha sido enviado, no se asuste si recibe un mensaje diciendo que su solicitud está incompleta. Pídale que consulte con su consejero de la escuela secundaria si cree que puede haber un retraso o un error. En la mayoría de los casos, dar al portal unos días para que se actualice resolverá cualquier problema.

PUNTOS CLAVE

1. Ayude a su estudiante a averiguar qué portal de solicitud necesitará para cada universidad de la lista del estudiante. Si es posible, busque la manera de minimizar el número de portales que el estudiante debe utilizar.

2. Haga que su estudiante reserve un tiempo a principios de agosto para realizar la necesaria pero tediosa tarea de rellenar todos los datos que le piden los portales de solicitud.

3. Asegúrese de que guarda todos los enlaces a cada uno de sus portales, además de sus nombres de usuario y contraseñas, en un documento clave al que pueda acceder fácilmente y que no se pierda con facilidad.

4. Haga que vean los diferentes formatos de las listas de actividades en cada uno de sus portales (Common App, ApplyTexas, Universidad de California, etc.) una vez que los portales se abran en agosto antes de su último año.

5. Asegúrese de que sus actividades se enumeran en el orden de importancia para la aplicación del estudiante.

6. Recuerde que el estudiante debe buscar un correo electrónico de las universidades después de haber enviado la solicitud. Probablemente habrá uno sobre la configuración del portal específico de la universidad.

14

Decisión anticipada y otras Opciones de Admisión

Los estudiantes pueden presentar sus solicitudes utilizando una variedad de opciones de admisión que a veces pueden ser confusas. Hay mucho margen de maniobra a la hora de decidir cuál es el mejor curso de acción para un estudiante cuando considera cómo aplicar a una universidad. Sería muy útil para usted ser capaz de ayudar a su estudiante a pensar en esto estratégicamente, por lo que es importante que usted y su estudiante entiendan cuáles son estas opciones y cómo pueden afectar a las posibilidades de su estudiante de ser admitido.

Cuando trabajo con los estudiantes, pasamos mucho tiempo repasando los pros y los contras de las distintas estrategias de solicitud para las distintas universidades. Mi objetivo es asegurarme de que entiendan todas sus opciones y las repercusiones de sus elecciones para que puedan tomar decisiones informadas a lo largo del proceso.

A continuación se enumeran las opciones de admisión más comunes, pero tenga en cuenta que las universidades no suelen ofrecer todas estas opciones. Cada universidad ofrece su propio menú mixto, por lo que su estudiante tendrá que averiguar los detalles de las universidades de su lista.

DECISIÓN ANTICIPADA

La Decisión Anticipada es el gorila de 800 libras entre las opciones de admisión porque una solicitud de Decisión Anticipada es vinculante, es decir, si un estudiante es admitido bajo el programa de Decisión Anticipada, entonces debe inscribirse en esa universidad (advertencia abajo). Esto significa que los estudiantes sólo deben aplicar a una universidad a través de la Decisión Anticipada si es definitivamente su primera opción.

La Decisión Anticipada es una opción que ofrecen principalmente las universidades privadas. Muchas universidades que ofrecen Decisión Anticipada llenan una buena parte de su clase de primer año entrante con candidatos de Decisión Anticipada. Por ejemplo, para la clase de 2024 (estudiantes de secundaria que se graduaron en 2020), Middlebury College llenó el 65% de su clase de su grupo de solicitantes de Decisión Temprana; Pitzer College, 79,5%; Emory University, 59,8%; Cornell University, 49,1%; Tulane University, 51,2%. Ahora ya sabe por qué es tan importante, desde una perspectiva estratégica, considerar que su estudiante solicite la Decisión Anticipada si su primera opción es una universidad que llena la mayor parte de la clase de este grupo de candidatos.

Dependiendo de la universidad, los candidatos a la Decisión Anticipada pueden tener aproximadamente el mismo porcentaje de posibilidades de ser admitidos que los candidatos a la Decisión Regular (lo que elimina cualquier ventaja estratégica por solicitar esta opción vinculante) o puede darles un impulso de dos, tres o casi cuatro veces la probabilidad de ser admitidos. Por ejemplo, en el Haverford College, clase de 2024, el 46,1% de los candidatos a la Decisión Temprana fueron aceptados, mientras que sólo el 15,3% de los candidatos a la Decisión Regular fueron admitidos. En Northwestern, el 25,1% de los candidatos de Decisión Temprana fueron aceptados, mientras que sólo el 7,3% de los candidatos de Decisión Regular lo fueron. Para obtener un enlace a una lista de universidades y sus tasas de admisión por Decisión Anticipada, visite la página de recursos de este libro en https:// www.CollegePrepCounseling.com/resources.

Como el nombre indica, las solicitudes de decisión anticipada deben presentarse antes, normalmente el 1 o el 15 de noviembre, dependiendo de la universidad. Es decir, unas ocho semanas antes que los periodos de solicitud de decisión normal, que suelen ser el 1 o el 15 de enero.

Sin embargo, más recientemente, algunas universidades han comenzado a ofrecer la "Decisión Temprana, Ronda 2" (frecuentemente abreviada como ED II). Básicamente, sigue siendo una decisión vinculante, pero la solicitud debe presentarse en la fecha límite para los candidatos de la Decisión Regular o cerca de ella (por lo que ya no es realmente temprana, pero sigue siendo vinculante). La opción ED II puede ser utilizada por los estudiantes que no tienen su solicitud lista para ir a una universidad a tiempo para cumplir con el plazo de Decisión Temprana, Ronda 1 (ED I). También pueden utilizarla los estudiantes que solicitaron la admisión a la universidad de su primera opción en la ronda ED I y se les denegó la admisión o se aplazó (es decir, no se tomó ninguna decisión y la universidad pasó a ese solicitante al grupo de decisión normal, liberando así al estudiante del compromiso de decisión temprana).

Esta es la advertencia de la Decisión Anticipada: la ED pretende ser vinculante, pero los estudiantes pueden librarse de ella si la universidad no ofrece suficiente ayuda financiera para que sea accesible para la familia, y lo que es "accesible" para la familia lo determina... la familia. Dicho esto, las familias deberían consultar la calculadora de costos netos de la universidad antes de solicitar la Decisión Anticipada para saber si la universidad es, financieramente, una opción realista para el estudiante.

Un estudiante sólo puede solicitar una universidad en la primera ronda de Decisión Anticipada y sólo una universidad en la segunda ronda (y sólo puede solicitar una universidad ED II si no fue admitido en la primera universidad ED o no solicitó una universidad ED en la primera ronda). Para cualquier solicitud de Decisión Temprana, tanto usted (el padre) como el consejero escolar deben firmar unos formularios especiales para reconocer que el estudiante está firmando un acuerdo vinculante.

Si un estudiante solicita la Decisión Anticipada, puede recibir uno de los tres resultados de la universidad:

Admitido: ¡sí! El estudiante está dentro. Es hora de celebrarlo (y de observar con atención la oferta de ayuda financiera).

Denegado: ¡boo! Es hora de lamentar y procesar esa pérdida durante unos días, y luego hacer que el estudiante se levante y pase a la siguiente universidad (es más fácil decirlo que hacerlo, lo sé).

Aplazado: esto significa que la universidad no ha tomado una decisión final en un sentido u otro. Hablaremos de cómo tratar este tema en el capítulo 17, "Qué hacer una vez que se toman las decisiones."

Consejo profesional

Incluso si su estudiante solicita la Decisión Temprana a una universidad, anímelo a seguir terminando los ensayos de solicitud para las otras escuelas en su lista. Sólo hay un corto período de tiempo -alrededor de dos semanas- entre el momento en que se envían las notificaciones de Decisión Temprana (generalmente a mediados de diciembre) y el momento en que se deben presentar las solicitudes de Decisión Regular. Si el estudiante no es admitido en su universidad ED I, lo más probable es que se sienta desanimado durante al menos unos días y no tenga ganas de escribir más ensayos universitarios. (Y si tiene que escribir esos ensayos, se sentirá menos confiado y quizás un poco desesperado, lo que no es un buen estado de ánimo para escribir ensayos). Por lo tanto, escriba esos ensayos antes de que salgan los resultados de la decisión anticipada.

ACCIÓN ANTICIPADA

A diferencia de la Decisión Temprana, la opción de Acción Temprana no es vinculante. La Acción Temprana (EA) permite a los estudiantes que tienen sus solicitudes hechas con anticipación enviarlas a las universidades y obtener decisiones a mediados de diciembre o en enero, en lugar de tener que esperar hasta finales de marzo o principios de abril para obtener una decisión de admisión. Las ofertas de admisión no son obligatorias, por lo que los estudiantes siguen teniendo hasta la fecha límite tradicional del 1 de mayo para decidir dónde inscribirse.

Desgraciadamente, cada vez más universidades parecen aplazar a los estudiantes de EA a la ronda de decisión regular (descrita más adelante) en lugar de tomar una decisión firme de sí o no en la ronda temprana. Algunas incluso están aconsejando a los estudiantes que cambien su solicitud de EA a ED II. ¿Por qué? Las universidades quieren que el estudiante se comprometa. No quieren "malgastar" una oferta de admisión en un estudiante que podría no inscribirse en su universidad (reduciendo así sus cifras de "rendimiento").

Algunas universidades no ofrecen una decisión anticipada, pero sí una acción anticipada. Otras ofrecen tanto ED como EA. Ya he mencionado que la mayoría de las universidades públicas no ofrecen Decisión Anticipada, pero algunas sí ofrecen Acción Anticipada.

Estratégicamente, el dilema puede venir para un estudiante cuya escuela de primera elección no ofrece Decisión Temprana. A una de mis estudiantes le encantaba la Universidad de Michigan: era, con diferencia, su primera opción. Al ser una universidad pública, ofrecían Acción Temprana pero no Decisión Temprana. Por desgracia, incluso para los estudiantes de Acción Temprana, no proporcionan las decisiones de admisión hasta finales de enero. Esto significó que mi estudiante, para quien UMich era un verdadero alcance basado en su GPA - lo que significa que no era probable que le ofrecieran la admisión - no pudo aplicar a cualquier escuela de Decisión Temprana, ya que quería ser capaz de asistir a UMich si de hecho le ofrecían un lugar. Si UMich hubiera anunciado su decisión EA a mediados de diciembre, mi estudiante podría haber seleccionado otra escuela para la ronda ED II. Por lo tanto, su amor por UMich significaba que no era elegible para un potencial impulso ED en sus escuelas de segunda o tercera opción, lo que puede significar que no va a terminar en cualquiera de sus tres principales opciones (por otra parte, ya ha sido admitida en algunas otras escuelas en su lista, así que sabemos que tendrá una buena opción de una manera u otra).

ACCIÓN TEMPRANA RESTRICTIVA

Stanford, Notre Dame, Georgetown y Harvard son algunas de las universidades que ofrecen Acción Temprana pero no Decisión Temprana. Pero hay una trampa. Cada una de estas universidades tiene un giro diferente sobre lo que está permitido y lo que no. Lo llaman "Acción Temprana Restrictiva" o "Acción Temprana de Elección Única," y es crucial leer la letra pequeña de lo que es y no es aceptable en términos de dónde se puede y no se puede solicitar bajo estas reglas.

He aquí un ejemplo de cómo esto puede complicarse. En Stanford, si se presenta a través de la Acción Anticipada Restringida, no se puede solicitar la Decisión Anticipada o la Acción Anticipada a ninguna otra universidad privada, ni tampoco se puede solicitar a las opciones de ninguna universidad pública que sean vinculantes.

En Notre Dame, su programa de Acción Temprana Restringida permite a los estudiantes solicitar a otras universidades EA pero restringe a los estudiantes a solicitar a otras universidades vía Decisión Temprana. El programa de Acción Temprana de Georgetown sigue las mismas reglas (es decir, se puede solicitar en otros lugares EA pero no ED), pero nunca niegan a los estudiantes en la ronda de Acción Temprana. Los estudiantes son admitidos o aplazados a la ronda de decisión regular. Además, los estudiantes admitidos a través de la EA no pueden solicitar después otra universidad a través de la ED II.

Harvard tiene un programa de Acción Temprana Restringida. Se permite a los estudiantes solicitar anticipadamente el ingreso en universidades públicas o extranjeras, siempre que esas solicitudes no sean vinculantes si el estudiante es admitido. Además, los solicitantes del programa REA de Harvard no pueden solicitar la EA a otras universidades privadas de Estados Unidos. Sin embargo, los solicitantes pueden aplicar ED II a otra escuela después de haber recibido su decisión de admisión de Harvard. Sin embargo, aquí hay otro giro: los estudiantes no pueden solicitar a otra escuela privada que tenga una "consideración temprana" -por ejemplo, el estudiante no podría solicitar a la USC antes de su fecha límite de prioridad del 1 de diciembre para la consideración de la beca de mérito.

Como puede ver, ¡esto puede ser complicado! Mi equipo y yo pasamos mucho tiempo con nuestros clientes de sesiones individuales y grupales para asegurarnos de que cada estudiante está siguiendo todas las reglas con su estrategia de admisión. Y, como se mencionó anteriormente, es fundamental que su estudiante entienda la diferencia entre las universidades públicas y las privadas a la hora de saber qué está permitido y qué no.

DECISIÓN REGULAR

La Decisión Regular es la opción de solicitud más sencilla. El estudiante presenta su solicitud en el periodo de tiempo estándar, no de forma anticipada. La mayoría de los periodos de decisión regular caen alrededor del 30 de noviembre o del 1 de enero. La opción de Decisión Regular no es vinculante, pero tampoco tiene una ventaja estratégica. Los anuncios de admisión por Decisión Regular suelen hacerse a finales de marzo o principios de abril.

Una cosa que puede enfatizar con su estudiante es que, mientras que a veces pueden entregar una tarea un día o más tarde y todavía obtener crédito, ese no es el caso con las admisiones universitarias. Si el estudiante no cumple con la fecha límite, aunque sea por unos segundos, no se presentará ese año. Fin de la historia. Hecho. No se presenta. Se trata de periodos de tiempo muy estrictos en los que no hay ni una pizca de margen de maniobra. ¿No me creen? Este año, tuve un estudiante que solicitó el ingreso a Williams College por medio de una decisión anticipada. La fecha límite de ED era el 15 de noviembre a medianoche. Por suerte, la solicitud de Williams era una de esas que permiten al estudiante presentar la parte principal de la solicitud en una sección y el suplemento de escritura opcional en otra sección. El 15 de noviembre, fecha límite, envió la parte principal de su solicitud. Pero entonces decidió echar un vistazo más a su suplemento escrito antes de enviar la segunda parte. Apretó el botón del suplemento a las 11:59 p.m., pensando que se deslizaría justo antes de la fecha límite. No. Había una pantalla más que le pedía que revisara el PDF y confirmara que el suplemento se leía como él quería. Ese ligero retraso significó que presentó el suplemento de escritura opcional con 17 segundos de retraso y fue bloqueado. No lo aceptarían. El plazo se había agotado. Menos mal que esa redacción era opcional y no obligatoria.

Por lo tanto, había presentado su solicitud a tiempo, pero no obtuvo el impulso que habría obtenido si hubiera podido incluir ese documento como parte de su solicitud. (Resulta que su ensayo principal, su promedio de calificaciones, sus calificaciones en los exámenes y sus actividades eran excelentes, y de todos modos entró...). Y una nota rápida: siempre animo a los estudiantes a que presenten sus solicitudes al menos una semana antes de la fecha límite para evitar este tipo de situaciones y minimizar el estrés.

ADMISIONES CONTINUAS

Las escuelas que ofrecen Admisiones Rotativas "ruedan" con las solicitudes a medida que van llegando. Revisan la solicitud poco después de haberla presentado y toman una decisión en pocas semanas. Me encantan las escuelas de admisión continua. Estas escuelas tienden a ofrecer la admisión a la mayoría de los estudiantes que la solicitan, por lo que mis estudiantes que aplican a las escuelas de admisión continua (ya en agosto, antes de que comience el último año) frecuentemente pueden obtener una oferta de admisión a principios de su último año, aliviando el estrés que pueden sentir al preguntarse si alguna universidad les ofrecerá una plaza. El hecho de tener una oferta de admisión en el bolsillo les da confianza para el resto del proceso.

Entre las escuelas más populares que ofrecen admisiones continuas se encuentran la Universidad Estatal de Arizona y la Universidad de Arizona, la Universidad de Indiana (Bloomington) y varias de las universidades estatales de California (incluidas la CSU de Long Beach, la CSU de Northridge y la Cal Poly Pomona).

ADMISIONES PRIORITARIAS

Las solicitudes prioritarias pueden significar diferentes cosas en diferentes universidades, pero, por lo general, esto tiene que ver con la obtención de una solicitud antes de la fecha límite de Decisión Regular con el fin de ser considerado para la ayuda financiera máxima y la consideración de becas. En la USC, por ejemplo, los estudiantes que presentan sus solicitudes antes de la fecha límite de prioridad (históricamente, el 1 de diciembre) serán considerados para las becas de mérito. Los estudiantes que no estén interesados en las becas por mérito pueden esperar hasta la fecha límite de decisión regular en enero para presentar sus solicitudes.

PUNTOS CLAVE

1. Asegúrese de que usted y su estudiante entienden el significado de términos como decisión anticipada, acción anticipada, acción anticipada restrictiva, admisión continua, etc.
2. Comprenda los pros y los contras estratégicos de cada tipo de solicitud.
3. Determine con el estudiante cómo y cuándo presentará la solicitud a cada universidad de su lista.

15

Entrevistas

L as entrevistas de admisión a la universidad pueden ser una fuente de gran estrés para los estudiantes. Se imaginan que estas entrevistas tienen tanto peso como, por ejemplo, una entrevista de trabajo. Pero, según mi experiencia, no es así en absoluto. La mayoría de las entrevistas las realizan los antiguos alumnos de las universidades, e incluso si el antiguo alumno considera que el estudiante es fascinante, asombroso y maravilloso, usualmente no cuenta mucho a la hora de ayudar al estudiante a ser admitido. Varios de mis amigos, entre los que se encuentran antiguos alumnos de Stanford y Harvard, se lamentan de haber entrevistado a muchos estudiantes increíbles a los que han apoyado con entusiasmo, para que luego se les niegue la admisión. (Observación cínica: las universidades utilizan a sus ex alumnos para hacer entrevistas como una forma de mantener al ex alumno vinculado a la universidad -y, por tanto, de seguir haciendo donaciones-, así que en realidad no se trata sólo de la búsqueda de los mejores estudiantes).

Por otro lado, las entrevistas realmente no pueden perjudicar al solicitante a menos que el estudiante se sienta profundamente incómodo en situaciones sociales y haga que la situación sea dolorosa tanto para él como para el entrevistador. Varios de mis clientes con Espectro Autista entrarían en esta categoría porque consideran que este tipo de situaciones sociales desencadenan su ansiedad. A estos alumnos les suelo recomendar que se salten la entrevista si es opcional. Pero la mayoría de los estudiantes con los que trabajo, ya sea en mis sesiones de grupo o individuales, son expresivos y tienen mucho que decir una vez que se sienten cómodos. Hágales saber que está bien divertirse en la conversación de la entrevista.

PREPARACIÓN

Si su estudiante decide hacer una entrevista, hay algunas formas clave de prepararse. En general, los estudiantes que piensen que van a hacer una entrevista para la universidad (o para un futuro trabajo) deberían aprovechar la oportunidad, meses o años antes, para dejar el celular y hablar con adultos en su mundo cotidiano. Un factor clave en las entrevistas es si el estudiante puede mantener una conversación interesante con alguien que acaba de conocer, y mantenerla durante 20 o 60 minutos. No hay mejor manera de prepararse que haber practicado mucho la conversación con adultos -básicamente, con cualquiera que tenga más edad que sus compañeros, pero mejor aún si se trata de alguien de más de 35 años- ¿Un buen comienzo para los que están en la secundaria o en los primeros años de la preparatoria? El estudiante puede decir a la persona con la que está hablando que está pensando en ir a la universidad y luego preguntar si esa persona fue (y si es así, qué le pareció su experiencia). De este modo, los estudiantes pueden recoger las opiniones de quienes han tenido una experiencia universitaria, y les ayudará a sentirse cómodos haciendo preguntas y entablando un diálogo.

Cuando es el momento de la entrevista de admisión a la universidad, el estudiante debe estar preparado para hablar de sí mismo -quién es, cómo llegó a tener sus valores y objetivos actuales, y hacia dónde se dirige- con confianza pero sin arrogancia. Es útil que el estudiante tenga un inventario mental de historias cortas o anécdotas para contar que transmitan su interés por una actividad académica o extracurricular. Las historias son más memorables para el entrevistador y pueden ayudar a animar la conversación. Algunas anécdotas que hay que tener a la mano (y que bien podrían provenir de los ensayos del estudiante, a los que el entrevistador probablemente no habrá tenido acceso):

> Un momento en el que el estudiante se enfrentó a un reto y lo superó
> Una anécdota que demuestre persistencia y ética de trabajo
> Una historia que demuestre integridad u honestidad
> Una visión de cómo se desenvuelven en el campus
> La historia de cómo se decidió por una carrera específica

Es posible que los estudiantes necesiten que se les recuerde que la entrevista universitaria no es un interrogatorio, en el que el entrevistador se sienta a un lado de la mesa y bombardea al estudiante con una lista de preguntas. Se trata más bien de una conversación de ida y vuelta. De hecho, hacer una pregunta al entrevistador (una pregunta que haga que el entrevistador hable de sí mismo) puede ser muy útil para dar al estudiante una pausa para ordenar sus pensamientos y tomar un respiro en medio de la entrevista. Si el entrevistador es un antiguo alumno de la universidad, ¿qué es lo que más le gustó de su estancia allí? ¿Por qué eligieron esa universidad en lugar de otras que estaban considerando? ¿Hay algo que hubiera hecho de forma diferente en relación con su carrera universitaria?

Si un entrevistador hace una pregunta que realmente deja perplejo al estudiante, éste no debe tener miedo de decir: "Déjame pensar en eso un minuto." No hay que precipitarse en la respuesta. Hacer una pausa para reflexionar demuestra que el alumno se toma el tiempo necesario para sopesar sus palabras y pensar en una respuesta, en lugar de soltar una respuesta rápida.

Es posible que los entrevistadores no tengan una capacitación formal sobre cómo realizar una entrevista, pero la mayoría de los ex alumnos concienzudos entenderán que los estudiantes se ponen nerviosos, por lo que es posible que busquen la manera de hacer que el estudiante se sienta a gusto y cómodo. Así que hágale saber que puede relajarse.

———— Consejo profesional ————

Puede buscar en Google el nombre de su entrevistador o buscarlo en LinkedIn para leer un poco más sobre sus antecedentes e intereses. Aunque es probable que vean que lo ha hecho, demuestra que está prestando atención y haciendo la debida diligencia en su investigación. Después de preparar a una de mis estudiantes para una entrevista en la Universidad de Pensilvania (Wharton), descubrimos que su entrevistador estaba muy interesado en el póquer y en las probabilidades estadísticas en torno a ese juego. Mi alumna encontró una forma inteligente de mencionar un aspecto del póquer en su entrevista, y el entrevistador se lanzó a charlar sobre ese tema, prolongando su conversación otros 20 minutos.

CONOZCA LA UNIVERSIDAD

Antes de la entrevista con la universidad, los estudiantes deben estar muy familiarizados con la misma, con lo que ofrece y con las razones específicas por las que esa universidad es una gran opción para ellos. Deben ser capaces de hablar de las posibles carreras y de los posibles planes que tienen después de graduarse.

Anteriormente en el libro, hablamos de la importancia de tomar notas detalladas sobre cada universidad al hacer la investigación. Este es el momento de sacar esa investigación, especialmente las notas sobre "¿por qué esta universidad?" y revisarlas antes de la entrevista.

Resulta que tengo una copia del formulario de entrevista de una universidad de la Ivy League que distribuyen a los entrevistadores de sus alumnos. A los entrevistadores se les pide, básicamente, que transmitan la conversación al comité de admisiones:

¿Describió el estudiante alguna actividad o clase favorita?

¿Cuáles fueron algunas de sus experiencias que más les impactaron?

¿Pudieron articular por qué quieren asistir a esta universidad en particular, algún programa o recurso único que les gustaría incorporar en sus años de estudiante?

ETIQUETA DE ZOOM

Si la entrevista del estudiante se va a realizar de forma virtual, debe tomarse el tiempo necesario para asegurarse de que su entorno está presentable: nada de camas sin tender, ni ropa interior colgando de un cajón abierto del armario, ni carteles dudosos en la pared. Y, desde luego, nada de banderines de otras universidades. Deben mostrar al entrevistador que se han preocupado y han tenido la precaución de limpiar. Asegúrate de que la iluminación es buena y de que la cara del estudiante no está oscurecida como si estuviera en un programa de protección de testigos. Si hay hermanos ruidosos o perros que ladran en la casa, usted, como padre, puede hacer que todos, excepto el entrevistado, se metan en la minivan y se vayan a tomar un helado durante la entrevista para que el estudiante no tenga que preocuparse por interrupciones embarazosas.

ELIMINAR LAS PALABRAS MULETILLAS

Si el entrevistador tiene más de 35 años, el estudiante haría bien en practicar la eliminación de las palabras muletillas antes de la entrevista. Para ser más específicos: los estudiantes que tienen la costumbre de utilizar la palabra "como" a lo largo de su discurso deberían practicar para desactivarla antes de llegar a la entrevista, ya que puede ser no sólo una distracción, sino también una irritación para los entrevistadores.

Una vez estuve de visita en una pequeña universidad de Los Ángeles (las visitas periódicas a las universidades me mantienen al tanto de lo que ocurre en los diferentes campus) y, durante 90 minutos, tuve que escuchar al estudiante guía de la visita utilizar la palabra "como" cada dos palabras. "Esto es, como, el edificio de biología, y, como, esto es, como, la cafetería." Era una universidad maravillosa, pero lo que más recuerdo de esa visita -incluso muchos años después- es la estudiante guía y su costumbre de decir "como." Así que, por favor, anime a su alumno a revisar su propia forma de hablar si tiene este hábito o cualquier otro tic del habla como "um" o " ya sabes."

ENVIAR UN AGRADECIMIENTO

Uno o dos días después de la entrevista, me pongo en contacto con mis clientes para asegurarme de que han enviado al entrevistador una breve nota de agradecimiento, ya sea por correo electrónico o incluso por correo postal, para darle las gracias por haberse tomado el tiempo de reunirse.

PUNTOS CLAVE

1. Intente ayudar al estudiante a relajarse. Las entrevistas son uno de los factores menos importantes del proceso de solicitud.
2. Busque oportunidades para que su hijo se relacione con sus amigos como una forma auténtica de practicar sus habilidades de socialización y conversación.
3. Al igual que con la lluvia de ideas sobre los temas de los ensayos, ayude al estudiante a idear historias cortas para compartir que demuestren su persistencia, su ética de trabajo u otras características que lo hagan apto para un entorno universitario desafiante.
4. Asegúrese de que el estudiante está familiarizado con la universidad y puede explicar por qué esa universidad es una gran opción para él.
5. Hágale notar con delicadeza cualquier uso excesivo de palabras de muletilla para que se dé cuenta y pueda eliminarlas en la medida de lo posible antes de la entrevista.
6. Anime a su estudiante a enviar una nota de agradecimiento un día después de la entrevista.

16

Complementos Especiales para Arte, Danza, Teatro y Música

En caso de que el estudiante tenga un talento especial en la danza, la música, la pintura, la fotografía u otra forma de arte, la mayoría de las universidades le permitirán mostrar sus logros en un complemento especial a la solicitud principal. Esta puede ser una gran manera de que el estudiante muestre un talento que lo distinga del grupo principal de solicitantes. No me refiero a los estudiantes que se presentan a una audición para obtener un puesto en la especialidad de música, teatro o danza, o que solicitan el ingreso en una escuela de arte a través de un portafolio; esas son solicitudes y audiciones especiales que están fuera del alcance de este libro. Sin embargo, para los estudiantes que no quieren especializarse necesariamente en esas áreas, pero que tienen un talento que les gustaría mostrar al comité de admisión, esto puede añadir una dimensión extra de profundidad a la solicitud.

Uno de mis estudiantes, un joven de un instituto privado de la Costa Este, no estaba seguro de lo que quería estudiar en la universidad, pero presentó un portafolio de arte como parte de su solicitud de decisión anticipada simplemente para ofrecer a la universidad otro punto de información sobre su historial. A pesar de que su promedio de 3.3 era significativamente más bajo que el de la mayoría de los estudiantes admitidos en esa universidad en particular, fue admitido. Nunca lo sabremos con certeza, pero pensamos que su talento artístico, demostrado en su portafolio de arte, le ayudó a hacer su caso.

Por lo general, la presentación de un portafolio implica que el estudiante reúna representaciones digitalizadas de sus mejores trabajos en forma de imágenes digitales, videos o archivos de audio para presentarlos a las universidades. Estos portafolios digitales se consideran materiales complementarios y se gestionan fuera del portal de solicitud estándar, generalmente subidos a un sitio web de terceros (SlideRoom.com es el más común) que está configurado para manejar este tipo de materiales.

En las universidades que utilicen SlideRoom disponen de sus propias cuentas de SlideRoom.com (por ejemplo, la cuenta de SlideRoom de la Universidad de Denison se encuentra en denison.slideroom.com). Las universidades dan instrucciones detalladas sobre lo que se debe incluir en el portafolio, ya sea en la solicitud principal o en la propia página del complemento.

Asegúrese de que su estudiante lea detenidamente las instrucciones del portafolio de cada universidad. Las universidades, especialmente las de arte y diseño, son muy específicas sobre los tipos, tamaños y contenidos de los materiales que debe incluir el portafolio. Por ejemplo, la Rhode Island School of Art and Design (RISD) lleva años exigiendo a los estudiantes de arte que presenten un dibujo de una bicicleta (busca en Google "RISD bicycle" y verás algunos ejemplos divertidos).

Algunas universidades esperan recibir estos materiales complementarios antes de la fecha límite de presentación. Otras dan un poco de flexibilidad a la hora de presentar los complementos. Los estudiantes deben leer atentamente o llamar al departamento de admisiones de la escuela para saber cuándo hay que entregar el portafolio.

Pero, ¡cuidado! Es posible que los estudiantes no puedan acceder a la SlideRoom de una universidad (o a otro portal) hasta que hayan presentado su solicitud principal y la escuela, a su vez, haya enviado al solicitante el acceso al portal de solicitantes de la universidad... y eso puede tardar unos días. Si el estudiante presenta su solicitud común el día de la fecha límite, no necesariamente obtendrá acceso al portal a tiempo para cargar el material complementario.

Aconsejo a los estudiantes que planean presentar materiales complementarios que se aseguren de presentar su solicitud principal al menos dos semanas *antes* de la fecha límite para que tengan tiempo de presentar sus materiales complementarios antes de la fecha límite real.

Además, las familias deben saber que usualmente hay que pagar un cargo extra (5 dólares o más) que el solicitante debe pagar para incluir estos materiales complementarios en la solicitud. Estos se pagan en el sitio de SlideRoom.

Los estudiantes que presenten solicitudes a la escuela de música, danza o teatro de una universidad o escuela superior deben confirmar los periodos de solicitud, que pueden ser previos a la fecha límite de la universidad para otros solicitantes.

PUNTOS CLAVE

1. Los portafolios de arte, música, danza y fotografía pueden añadir otra dimensión a la solicitud del estudiante.
2. Estos requieren una planificación y preparación adicionales por parte del estudiante, pero pueden mejorar la solicitud y ayudar al estudiante a destacar entre la multitud.

17

Qué hacer una vez que se conozcan las decisiones

Las solicitudes se presentan, y el estudiante por fin puede respirar hondo porque ha terminado... ¿verdad? Tómese el tiempo necesario para apreciar este logro. Con su apoyo, su estudiante ha dedicado tiempo y esfuerzo a investigar, introducir datos en los formularios, escribir ensayos y reunir cartas de recomendación. ¡Hay mucho que celebrar! Pero aún no han terminado. Todavía tendrán que revisar los portales para ver si hay noticias y elaborar estrategias para seguir adelante cuando sean aplazados, aceptados o estén en lista de espera.

REVISE LOS PORTALES

Algunos días después de que el estudiante haya presentado su solicitud, debe revisar el portal de la universidad para asegurarse de que la universidad ha recibido todos los materiales de la solicitud que se han enviado. Pueden pasar unos días hasta que todo pase por el sistema y se confirme, por lo que hay que seguir controlando, pero tener un poco de paciencia si las cosas no aparecen de inmediato.

APLAZADO

Un aplazamiento se produce cuando un estudiante que solicitó la Acción Temprana o la Decisión Temprana no recibe una respuesta clara de "sí, le ofrecemos la admisión" o "no, lo sentimos, pero no tenemos espacio para usted." Un aplazamiento significa que aún no se ha tomado una decisión y que la solicitud se ha trasladado a la ronda de Decisión Regular. En el caso de las solicitudes de Decisión Anticipada, esto libera al estudiante del acuerdo vinculante. El estudiante es libre de solicitar a otra escuela de Decisión Temprana, Ronda II, además de todas sus otras escuelas de Decisión Regular. Si más tarde es admitido en la universidad ED original en la ronda de Decisión Regular, puede aceptar la oferta (a menos que su escuela ED II lo admita, lo cual es vinculante), pero no está obligado a hacerlo.

Si el estudiante es aplazado, dígale que revise el portal de esa universidad para ver si hay instrucciones para enviar una Carta de Interés Continuo para hacer saber a la universidad que el estudiante todavía quiere ser considerado para la admisión. Si no hay instrucciones explícitas, pídale a su estudiante que envíe un correo electrónico al representante de admisiones de esa universidad reiterando su interés continuo en esa universidad y proporcionando una breve actualización de las nuevas actividades o logros desde que se envió la solicitud original.

LISTA DE ESPERA

Las listas de espera se producen después de las decisiones tomadas en la ronda de decisión regular. Al estudiante no se le ha ofrecido la admisión, pero se le ha puesto en la lista de espera por si se abren lugares más adelante. Siga las instrucciones de la universidad: ¿quieren que el estudiante les comunique si desea permanecer en la lista de espera? Si el estudiante quiere permanecer en la lista de espera, comuníquelo a la universidad siguiendo las instrucciones que le haya enviado.

El estudiante debe consultar el conjunto de datos comunes de la universidad para ver cuántos estudiantes incluyeron en la lista de espera el año pasado y, de ellos, a cuántos se les ofreció finalmente la admisión.

Mientras tanto, el estudiante tendrá que hacer un depósito en otra universidad antes de la fecha límite del 1 de mayo, y si sale de la lista de espera después del 1 de mayo y quiere cambiar su inscripción, perderá su depósito en la primera universidad.

¡ACEPTADO!

Whoo-hoo, es hora de la celebración de su estudiante y sus logros, no sólo en el proceso de admisión, sino en todos los años que conducen a este momento. También es hora de que los padres lo celebren. Es un gran logro criar a un hijo y lanzarlo a la edad adulta por el camino de la universidad. ¡Felicitaciones!

ACEPTADO... PERO CON UN PAQUETE DE AYUDA FINANCIERA INSUFICIENTE

¿Qué pasa si su estudiante tiene varias ofertas de admisión, pero el paquete de ayuda financiera que le ofrece la universidad de su elección es inferior a lo que su familia puede pagar? Usted puede apelar la parte de la ayuda financiera *basada en la necesidad* si tiene documentación de circunstancias especiales que no se reflejan en su FAFSA (recuerde que la información de ingresos que usted reportó tiene algunos años y puede que ya no refleje con exactitud la situación de su familia).

También puede solicitar una ayuda por mérito adicional a una universidad si otra universidad similar (en términos de tamaño y selectividad) ofrece a su estudiante más dinero por mérito, haciendo saber a la primera universidad que su estudiante se inscribirá si pueden igualar la oferta de la otra universidad. Para obtener información detallada sobre este tema, recomiendo el libro del gurú de la ayuda financiera *Mark Kantrowitz, How to Appeal for More College Financial Aid.*

ADVIERTA A SU ESTUDIANTE SOBRE LA APATÍA

Las solicitudes de ingreso a la universidad, el regreso a casa y los cursos del último año pueden dejar a los estudiantes agotados después de las vacaciones de invierno. Pero haga saber a los estudiantes que deben mantener sus calificaciones hasta la graduación. Un descenso de las calificaciones por debajo de su nivel normal puede hacer que una universidad revoque su oferta de admisión, y si eso ocurre a finales de junio o en julio, el estudiante se verá obligado a buscar otra universidad antes del semestre de otoño.

DÍA NACIONAL DE LA DECISIÓN UNIVERSITARIA - 1 DE MAYO

El año pasado, uno de mis alumnos más brillantes fue admitido en las 12 universidades que solicitó. Fuimos muy estratégicos con su solicitud. Conseguimos que sus ensayos se hicieran con anticipación (con "nosotros" me refiero a que él los escribió, y nosotros le dimos retroalimentación e hicimos una corrección final) y pudo presentar la mayoría de sus solicitudes en Acción Temprana. A mediados de diciembre ya sabía que tenía muchas ofertas sobre la mesa. No tenía una universidad favorita, y estaba aplicando a las universidades donde sus calificaciones y los resultados de las pruebas estaban muy por encima de los promedios de los estudiantes admitidos, por lo que no había ninguna razón para aplicar en cualquier lugar de decisión temprana.

Con 12 ofertas sobre la mesa, ahora tenía que elegir dónde se iba a inscribir, y tenía que hacérselo saber a la universidad antes de la fecha de Decisión Universitaria Nacional del 1 de mayo. Esa es la fecha tradicional en la que los estudiantes deben comprometerse con una universidad entre las que les ofrecen la admisión.

En el caso de este estudiante, su familia no cumplía los requisitos para recibir ayuda por necesidad, pero como era un candidato tan estelar (y porque habíamos elaborado su lista de universidades de forma inteligente), las universidades le ofrecieron una cantidad considerable de dinero por méritos. Acabó eligiendo la universidad que le ofrecía 220.000 dólares en cuatro años, es decir, 55.000 dólares al año, con lo que el costo de esa universidad se redujo al equivalente de ir a una universidad estatal. Él estaba encantado, sus padres estaban encantados y yo estaba encantada. Presentó su compromiso de inscripción en esa universidad antes de la fecha límite del 1 de mayo.

Los estudiantes tienen que decidir en qué universidad se van a inscribir antes del 1 de mayo. Si tienen noticias de las universidades a finales de marzo o principios de abril, eso significa que la familia sólo tiene unas pocas semanas para comparar las ofertas de ayuda financiera, hacer las últimas visitas a las universidades en las que se les ha ofrecido la admisión (la gira de la victoria), e imaginarse haciendo las maletas y mudándose a su nuevo hogar.

También es el momento de visitar las escuelas de alcance o de lotería si el estudiante fue admitido. Ahora el estudiante puede ir sabiendo que está dentro y que realmente es una opción para él. Pero no se olvide de seguir los procedimientos de la universidad para comprometerse con su universidad de elección antes de la fecha límite del 1 de mayo. Si no se cumple el plazo, se comunica indirectamente a la universidad que el estudiante no tiene intención de inscribirse, lo que da a la universidad la opción de ofrecer ese lugar a un estudiante en su lista de espera.

PUNTOS CLAVE

1. Es imprescindible que los estudiantes revisen sus portales de solicitud con regularidad.
2. Los estudiantes que son aplazados deben enviar una carta de interés continuo a la universidad.
3. Los estudiantes que estén en lista de espera deben consultar el Conjunto de Datos Comunes para hacerse una idea de las probabilidades de que se les ofrezca un lugar.
4. El estudiante debe tomar su decisión final y hacer un depósito antes de la fecha límite de inscripción, que suele ser el 1 de mayo.

18

Si quiere más ayuda

M i objetivo al escribir este libro ha sido ofrecerle mucha información clara y consejos profesionales para ayudarle a apoyar a su estudiante y mantenerlos a ambos en sus cabales durante el proceso de solicitud de ingreso a la universidad.

Pero si, después de leer esto, usted siente que este proyecto de admisión es más de lo que le gustaría abordar solo, o si desea un nivel más profundo de apoyo y orientación, por favor sepa que estamos aquí para ayudar. Hemos pasado por este proceso y sabemos cómo trabajar con los estudiantes para que crucen la línea de meta. Si desea respirar hondo, quitarse este peso de encima y dejar de lado los detalles insignificantes, las revisiones de responsabilidad y los ocasionales empujones necesarios, póngase en contacto con nosotros. Mi equipo y yo ofrecemos clases en línea, sesiones en grupos pequeños, asesoramiento individual, edición y corrección de ensayos, auditorías de solicitudes y mucho más para ayudar a cada familia a obtener precisamente el apoyo y la orientación que necesitan. Trabajamos durante todo el verano (¡Especialmente durante el verano!) y ofrecemos horarios de noche y de fin de semana para poder trabajar con los estudiantes en sus horarios y mantener las cosas en movimiento cuando las oficinas de asesoramiento escolar están cerradas.

También puede hacer preguntas y mantenerse informado uniéndose al grupo de Facebook del libro en https://www.facebook.com/groups/admissionessentials.

Tengo un deseo para usted y su estudiante para este proceso de solicitud. Para usted, espero que le traiga el orgullo de la increíble persona joven que ha ayudado a criar y la sensación de saber que hizo todo lo posible para darle la mejor orientación posible a lo largo del camino. Para su hijo, espero que le aporte claridad a la hora de definir quién es, qué quiere de la universidad y para su futuro, y un sistema para afrontar las solicitudes de una manera menos estresante y más sabia. Que su hijo sea admitido en todas las universidades que serían su complemento perfecto.

LO QUE DICEN LOS CLIENTES SOBRE SU TRABAJO CON BETH

"Nos retrasamos en la preparación del SAT y de las solicitudes universitarias. Contratar a Beth permitió a mi hija priorizar lo que había que hacer durante el verano y tener un plan sólido para su último semestre de otoño. Ella se sintió apoyada y entendió el proceso y Beth estuvo disponible para ayudar a lo largo del camino."

"Trabajar con College Prep Counseling redujo mi nivel de estrés ya que sabía que el proceso y los tiempos estaban siendo manejados por un profesional. Esto a su vez hizo que el hogar fuera más tranquilo."

"Mi estudiante es un solicitante extremadamente renuente. Tener a Beth involucrada en el proceso ayudó a reducir el nivel de estrés general".

"El proceso nos parecía, como padres de un atleta y no del estudiante más motivado, absolutamente desalentador. Poder depositar el 100% de la confianza y la fe en una profesional con conocimientos que realmente se preocupa por sus estudiantes fue un regalo al que no podríamos ni empezar a dar valor. La "dinámica del hogar" se estresó lo suficiente durante el proceso de tratar de ser reclutado durante el año de COVID. Beth guiando suavemente a nuestro hijo y aliviándonos de la responsabilidad estoy seguro que nos ahorró mucho estrés y dolor".

"Habría sido extremadamente difícil navegar por este proceso sin la ayuda de expertos. Beth llevó de la mano a nuestro hijo en cada paso del camino hasta que se presentó la última solicitud".

"Todas nuestras preguntas e inquietudes siempre fueron atendidas plenamente y de manera oportuna. Beth es una profesional muy atenta".

Sobre la Autora

B eth Pickett es la fundadora de College Prep Counseling. Lleva más de una década trabajando con estudiantes de todo Estados Unidos como asesora de admisiones universitarias. Sus clientes y estudiantes de ensayo han sido admitidos en Harvard, Yale, Brown, UC Berkeley, UCLA, Stanford, Williams, UMich, Tulane, Colgate, Cornell, Lewis & Clark, Hamilton, y muchos otros colegios y universidades de los Estados Unidos.

Graduada en Stanford, Beth estudió biología humana y marina en la universidad. Realizó un año de posgrado en el extranjero, participando en expediciones submarinas con la National Geographic Society y la Cousteau Society.

Posteriormente, obtuvo el Certificado de Asesoramiento Universitario de la UCLA y lanzó College Prep Counseling en 2007. Empezó a impartir seminarios de verano sobre redacción de ensayos a más de 80 estudiantes de último año de preparatoria cada año y a dirigir un equipo de editores que revisaban los ensayos y ofrecían sugerencias para mejorarlos antes de enviarlos a las universidades.

College Prep Counseling se ha ampliado a lo largo de los años para incluir no sólo el asesoramiento individual para los estudiantes, sino el programa en línea *3-2-1 Launch!* en vivo para grupos de hasta seis estudiantes, apoyando a los estudiantes que no les gusta estar en el centro de atención uno a uno (y disminuyendo los costos para las familias). College Prep Counseling también ofrece cursos en línea de estudio independiente para ayudar a guiar a los estudiantes y sus familias a través del proceso de solicitud, organizando y marcando el ritmo de su progreso para que cumplan con los términos de presentación sin estrés.

Beth ha trabajado con estudiantes de muchas escuelas públicas y privadas de todo Estados Unidos, Paul's (NH), Saint Ann's (NY), Horace Mann (NY), Dalton (NY), Fordham Prep (NY), Ethical Culture Fieldston (NY), Thacher (CA), Academy of Science (VA), Torrey Pines (CA), St. Mary (MI), Acalanes (CA), Portledge (NY), La Salle College High (PA), Villanova Prep (CA), Phoenix Country Day (AZ), Xavier College Preparatory (AZ) y Foothill Tech (CA).

Su filosofía de admisión a la universidad se basa en el principio de que los estudiantes que profundizan en sus intereses durante la preparatoria se convierten en estudiantes más felices y más realizados que son capaces de presentar solicitudes universitarias más convincentes. Al desarrollar la capacidad de articular sus objetivos, los estudiantes aprenden sobre sí mismos y cómo hacer un plan para avanzar de una manera metódica y precisa. Se siente privilegiada de poder guiar a las familias y a los estudiantes mentores mientras navegan por el ritual de paso que es la admisión selectiva a la universidad.

Beth es miembro de la Asociación de Consultores de Educación Superior (HECA) y reside en la ciudad costera de Ventura, California.

Lista de Tareas Mes a Mes para Estudiantes

Acontinuación encontrará una lista de verificación mensual de los elementos que el estudiante debe completar a partir del verano antes de que comience el primer año. Si empieza más tarde, haga lo mejor que pueda para abordar esas tareas anteriores en el marco de tiempo que le queda antes de que las solicitudes sean presentadas.

Agosto antes del penúltimo año:

- Imprime y coloca en un lugar destacado la tabla de la Common App que los profesores utilizan cuando llenan las cartas de recomendación. Los estudiantes deben ajustar su presentación en clase teniendo en cuenta estos criterios. (Visita https://www.CollegePrepCounseling.com/resources para obtener el enlace más actualizado).

- Establece una dirección de correo electrónico sólo para solicitudes universitarias y comparte la dirección y la información de acceso con tus padres.
- Haz un ACT de diagnóstico y un SAT de diagnóstico cerca para determinar qué examen te conviene más. Empieza a prepararte para ese tipo de examen.
- Empieza a elaborar tu currículum. Sigue ampliándolo a medida que avanza el tercer año.
- Mantente activo en las actividades extracurriculares e intenta conseguir uno o dos puestos de liderazgo. Si no has participado en actividades extracurriculares, ¡es hora de que te apuntes!

Septiembre del penúltimo año:

- Una o dos semanas después de que empiecen las clases, hazte un espacio para presentarte a tu consejero. Esta persona te escribirá una carta de recomendación para la universidad, y será de gran ayuda que te conozca primero.
- Las calificaciones del primer año son fundamentales. Si te encuentras con dificultades en alguna de tus clases, utiliza las horas de oficina de tu profesor para obtener ayuda extra.
- Empieza a pensar en qué factores universitarios son importantes para ti. ¿Qué tamaño de universidad? (en relación con la población estudiantil) ¿qué tipo de ubicación (ciudad, rural, suburbio)? (Capítulo 1)
- Visita las universidades cercanas de fácil acceso para tener una idea básica de las diferencias entre las universidades.
- Fomenta las relaciones con los profesores porque tus profesores de primer año suelen ser la mejor fuente de cartas de recomendación. (Capítulo 9)

Diciembre del penúltimo año:

- Decide si harás los exámenes ACT/SAT y, en caso afirmativo, cuándo los harás (marzo/abril/mayo/junio). Después, inscríbete en esos exámenes. Si vas a solicitar admisión en universidades muy selectivas, planea hacer el examen más de una vez para obtener una puntuación superior, pero intenta terminar los exámenes antes de que empiece el último año.
- Dedica tiempo durante las vacaciones de invierno a visitar las páginas web de las universidades. Anota lo que te gusta y lo que no te gusta de cada universidad.
- El reloj de la ayuda financiera se detiene (en términos del año natural para el que los padres informarán de sus ingresos en los formularios de ayuda financiera) el 31 de diciembre.

Enero/febrero del penúltimo año:

- Familiarízate con las principales indicaciones para el ensayo de la Common App y empieza a pensar en el tema sobre el que te gustaría escribir.
- Calcula tu promedio académico (es decir, tu GPA menos las calificaciones de educación física, salud y otras clases no académicas). Este GPA es un componente clave para determinar si una universidad es un alcance, un objetivo o una escuela probable).
- Sigue investigando las universidades. Clasifícalas en universidades probables, objetivo, de alcance y de "lotería."
- Actualiza tu currículum.
- Reúnete con tu consejero escolar para mantenerlo al tanto de tu búsqueda de universidades. Averigua si hay un

paquete de elogios u otro conjunto de formularios que tendrás que llenar para las cartas de recomendación.

- Averigua si tu escuela utiliza un sistema en línea como Naviance o SCOIR para hacer un seguimiento de las solicitudes de ingreso a la universidad. Registra tu nombre de usuario y contraseña y luego explora el sistema para que sepas cómo usarlo y puedas aprovechar al máximo lo que ofrece.
- Planifica los cursos de tu último año. Esfuérzate por tomar las clases más rigurosas que puedas, y asegúrate de haber cubierto todos los cursos de ciencias, matemáticas, inglés y ciencias sociales requeridos por las universidades de tu lista.
- Haz planes para el verano. Haz un curso sobre un tema de interés. Profundiza en tu participación en un proyecto extracurricular o personal. Planea escribir tantos ensayos de solicitud de ingreso a la universidad como puedas. Reserva tiempo en agosto para ingresar los datos de la solicitud.

Marzo/abril del penúltimo año:

- Empieza a recorrer las universidades objetivo y las probables. (Capítulo 10)
- Crea una cuenta en la Common App y empieza a ingresar datos básicos como tu nombre legal completo, dirección, escuela, etc. (Capítulo 13)
- Continúa investigando las universidades en línea.
- Realiza el SAT o el ACT si te has inscrito este mes.
- Si las universidades de tu lista envían representantes a tu preparatoria para una visita, inscríbete y preséntate al representante.

Mayo del penúltimo año:

- Decide a qué profesores vas a pedir que escriban tus cartas de recomendación y pídelo antes de que acaben las clases. Proporciona a los profesores material de apoyo, como tu currículum. (Capítulo 8)
- Haz los exámenes AP o IB. Preséntate al SAT o al ACT si te inscribes este mes.
- Concéntrate en las calificaciones.

Junio del penúltimo año:

- Finaliza tu lista de universidades, asegurándote de que haya un equilibrio entre las universidades probables, las de destino, las de alcance y las de la lotería.
- Revisa tu lista de universidades con tu consejero escolar antes de que terminen las clases de verano.
- Reúne la tabla del Conjunto de Datos Comunes "C7" para cada una de las universidades de tu lista y agrégala a tus archivos de investigación de universidades.
- Comienza a redactar tu ensayo principal de la Common App.
- Continúa investigando las universidades en línea y visitándolas cuando sea posible (si los estudiantes están en el campus).
- Comienza a trabajar en el interés demostrado por las universidades de tu lista que registran esta métrica. (Capítulo 9)

Julio después del penúltimo año:

- Finaliza tu ensayo principal de la Common App.
- Reúne una lista preliminar de los ensayos que tendrás que

escribir para cada universidad de tu lista, basándote en las indicaciones de ensayo que esas universidades utilizaron el año anterior. Comienza a escribir. (Capítulo 12)

- Continúa trabajando en el interés demostrado para las universidades de tu lista que siguen esta métrica. (Capítulo 9)

Agosto después del penúltimo año:

- La Common App se abrirá alrededor del 1 de agosto para la nueva temporada de solicitudes. Carga tu lista de universidades y llena los datos básicos solicitados por cada universidad.
- Reúne todas las preguntas de redacción actualizadas de las universidades a las que vas a presentar tu solicitud y compáralas con la lista que hiciste basándote en las preguntas del año pasado. Anota cualquier cambio, eliminación o ampliación. Recuerda anotar el número máximo de palabras para cada ensayo.
- Anota qué universidades requieren un ensayo "¿Por qué nuestra universidad? Este debe incluir detalles específicos de cada universidad. No se pueden reutilizar de una universidad a otra. (Capítulo 12)
- Determina a qué universidades, si es que hay alguna, solicitarás la Acción Temprana y/o la Decisión Temprana. (Capítulo 14)
- Organiza las universidades en una hoja de cálculo de seguimiento de solicitudes según la fecha de vencimiento de la solicitud final para cada universidad. Trabaja en completar las solicitudes que vencen primero.
- Sigue escribiendo ensayos. Intenta tener la mayoría de tus ensayos escritos antes de que comience el último año. (Capítulo 11)

- Actualiza y finaliza tu currículum. Imprímelo en PDF (para que se cargue correctamente en los sitios de solicitud) y ponle el siguiente formato de archivo "Nombre Apellido Currículum.pdf." (Capítulo 4)
- Busca los rangos de puntuación del SAT/ACT para las universidades de tu lista. Si tus resultados son iguales o superiores al porcentaje del 50% de los estudiantes admitidos en la universidad, envía tus resultados. Si tus resultados están por debajo del porcentaje del 50% de los estudiantes admitidos en esa universidad, puedes decidir no enviar los resultados de las pruebas a esa universidad. (Capítulo 6)
- Continúa trabajando en el interés demostrado por las universidades de tu lista que siguen esta métrica. (Capítulo 9)

Septiembre del último año:

- Consulta con cada uno de los profesores a los que has pedido que escriban una carta de recomendación (o, si no lo pediste al final del primer año, pídelo ahora). (Capítulo 8)
- Consulta con tu consejero escolar la lista definitiva de universidades y los plazos para las primeras solicitudes. (Capítulo 7)
- Verifica si alguna de tus solicitudes de ingreso a la universidad vence a mediados de octubre. Si es así, completa el trabajo necesario para cumplir con esos plazos.
- Continúa trabajando en el interés demostrado por las universidades de tu lista que tienen en cuenta esta métrica.

Octubre del último año:

- Se abren la FAFSA y el CSS Financial Aid Profile; haz que tus padres o tutores llenen esos formularios. (Capítulo 2)
- Averigua qué universidades aceptan los resultados de los exámenes que tú mismo has presentado y cuáles requieren el envío de los resultados oficiales del College Board (SAT) o de ACT.org (ACT). Envía los resultados oficiales a las universidades que los requieren (y para las que has decidido enviar los resultados).
- Continúa trabajando en el interés demostrado para las universidades de tu lista que siguen esta métrica.
- Envía las solicitudes que deban presentarse. Preséntalas al menos uno o dos días antes de la fecha límite.

Noviembre del último año:

- El 1 de noviembre es la fecha límite para la Decisión Temprana y la Acción Temprana en varias universidades. Asegúrate de presentarla mucho antes de la fecha límite publicada.
- Sigue trabajando en el interés demostrado por las universidades de tu lista que siguen esta métrica.
- Termina los ensayos que aún no han sido escritos.

Diciembre del último año:

- Envía todas las solicitudes con fecha límite a principios de enero, antes de que la escuela cierre por vacaciones de invierno.
- Después de enviar la solicitud, revisa el portal de la universidad para confirmar que no falte ningún componente de tu solicitud. (Capítulo 13)

Enero del último año:

- Continúa revisando tus portales.
- Envía las últimas solicitudes que tengan fecha de entrega a mediados de enero o principios de febrero.
- Escribe y envía una "carta de interés continuado" si eres aplazado de alguna de tus escuelas de Acción Temprana o Decisión Temprana. (Capítulo 17)

Febrero del último año:

- Practica el autocuidado mientras esperas las decisiones. Date un paseo. Juega con tu perro. Haz algo divertido con un amigo o con uno de tus padres (porque dentro de unos meses ya no vivirás bajo el mismo techo con ellos y puede que los extrañes).

Marzo del último año:

- Comienzan a llegar las ofertas. No tomes ninguna decisión final ni te comprometas hasta que hayas tenido noticias de todas las universidades y/o hayas estudiado detenidamente la oferta de ayuda financiera de cada una de ellas.

Abril del último año:

- En medida de lo posible, planifica una visita a las universidades que te han aceptado para ayudarte a tomar la decisión final de dónde inscribirte.
- Asegúrate de mantener tus calificaciones para no arriesgarte a que la universidad elegida revoque tu oferta de admisión.

Mayo del último año:

- El 1 de mayo es la fecha límite para tomar la decisión de dónde te vas a inscribir, envía los formularios de compromiso a tu universidad a tiempo, junto con tu depósito.
- Realiza los exámenes AP, ya que pueden darte créditos en tu universidad.
- Entrega notas de agradecimiento y una actualización de la decisión de la universidad a tu consejero y a los profesores que escribieron tus cartas de recomendación.

Junio del último año:

- Ten una graduación divertida pero segura. Has trabajado demasiado para dejar que una mala decisión te perjudique a estas alturas.

Apéndice: Conocimientos básicos que su alumno debe conocer

Los adultos que asistieron a la universidad a veces dan por hecho que los estudiantes entienden la terminología básica y la organización de la educación superior. Me parece que muchos estudiantes agradecen que se les aclaren algunos términos comunes de admisión y de la universidad para que comprendan claramente los detalles y matices de las discusiones sobre la universidad. Puede repasar esta lista con su estudiante para asegurarse de que entiende estos conceptos básicos.

UNIVERSIDADES PÚBLICAS VS. PRIVADAS

En Estados Unidos, las universidades se dividen en dos categorías: públicas o privadas. Las universidades públicas pueden dividirse a su vez en academias de servicio, colegios comunitarios, colegios estatales y universidades estatales, cada una de las cuales se describe a continuación.

Para obtener un enlace a nuestra infografía sobre las universidades públicas en comparación con las privadas, visite la página de recursos de este libro en https://www.CollegePrepCounseling.com/resources.

PÚBLICA (FINANCIADA POR EL GOBIERNO FEDERAL)

Sólo las cinco academias del servicio militar están financiadas en su totalidad por el gobierno de Estados Unidos. Aunque la colegiatura, el alojamiento y la comida son totalmente pagados por el gobierno mientras el estudiante está en la escuela (y pagan a los estudiantes un incentivo mientras están inscritos), estas universidades requieren que el estudiante sirva un número de años en el ejército o en otro empleo o servicio aprobado después de la graduación. El estudiante también debe aprobar un examen físico para ser elegido. Estas universidades son:

Academia Naval de los Estados Unidos en Annapolis, Maryland

Academia Militar de Estados Unidos en West Point, Nueva York

Academia de las Fuerzas Aéreas de EE.UU. en Silver Springs, Colorado

Academia de la Guardia Costera de Estados Unidos en New London, Connecticut

Academia de la Marina Mercante de Estados Unidos en Kings Point, Nueva York

PÚBLICA (FINANCIADA POR LOS ESTADOS)

La mayor parte de las universidades públicas son financiadas por los estados individuales (y los contribuyentes de esos estados). En la mayoría de los estados, hay tres niveles de universidades públicas: colegios comunitarios, colegios estatales y universidades estatales.

COLEGIOS COMUNITARIOS

Se trata de universidades públicas de dos años que regularmente atienden a estudiantes de la comunidad local. Como la mayoría de los estudiantes viven en casa, estas universidades no suelen ofrecer vivienda en el campus. Los estudiantes que desean obtener una licenciatura de cuatro años (lo que la mayoría de la gente piensa cuando dice "título universitario") tendrán que trasladarse a una universidad de cuatro años para terminar los dos últimos años. Algunos ejemplos:

Colegio Comunitario Borough of Manhattan
Colegio Comunitario del Noreste de Texas
El Colegio de los Cayos de Florida
Colegio de la Ciudad de Santa Bárbara
Colegio de Diablo Valley

COLEGIOS ESTATALES

Se trata de universidades públicas de cuatro años que atienden principalmente a residentes del estado. Los estudiantes de otros estados pueden solicitar e inscribirse, pero se les pedirá que paguen una cuota adicional de "residente de fuera del estado." Estas universidades suelen identificarse por la palabra "estatal" en el nombre de la universidad. Los estados más grandes pueden tener muchos campus universitarios estatales (por ejemplo, hay 64 campus SUNY o "State University of New York"). Algunos ejemplos:

Salem State College (Massachusetts)
Universidad Estatal de Nueva York
Universidad del Estado de Florida
Universidad del Estado de Arizona
Universidad Estatal de Oregón
Universidad Estatal de Pennsylvania

UNIVERSIDADES ESTATALES

Al igual que los colegios estatales, se trata de instituciones públicas de cuatro años que atienden principalmente a residentes de cada estado, y los estudiantes de otros estados pueden tener que pagar una cuota de "residente de fuera del estado" si deciden asistir.

En cualquier estado, suele haber menos universidades estatales que colegios estatales. Por ejemplo, hay 23 escuelas en el sistema estatal de California, pero sólo 10 universidades en el sistema de la Universidad de California. Por lo general, las universidades estatales exigen que el estudiante tenga un promedio de calificaciones más alto y/o resultados de exámenes, lo que hace más difícil obtener la admisión en una universidad estatal en comparación con un colegio estatal. Algunos ejemplos de universidades estatales (nótese la reveladora convención de nomenclatura "Universidad de..."):

Universidad de Massachusetts
Universidad de Michigan
Universidad de Illinois
Universidad de Washington
Universidad de Florida
Universidad de Arizona

Universidad de Oregón

Una notable excepción a esta regla de nombramiento: La Universidad de Pensilvania, es una universidad privada de la Ivy League.

UNIVERSIDADES PRIVADAS

Las universidades privadas no están financiadas por ningún estado. Por lo tanto, sus colegiaturas y cuotas son las mismas para los estudiantes que se inscriben, independientemente de si el estudiante reside en el mismo estado que la universidad o viene de un estado diferente.

Las universidades privadas están libres de algunas de las normas de no discriminación que se aplican a las universidades públicas. Pueden admitir a estudiantes exclusivamente masculinos o exclusivamente femeninos. Pueden limitar la admisión a estudiantes de determinadas creencias religiosas, y mucho más.

El costo de la asistencia a las universidades privadas es, en general, más alto que el de las universidades públicas, pero la ayuda financiera normalmente mitiga este costo adicional para las familias. Los colegios privados suelen tener una población más pequeña que los colegios o universidades estatales. Algunas son incluso tan pequeñas como las preparatorias, con 1.500 a 2.500 estudiantes. Estos son algunos ejemplos de universidades privadas:

El Colegio de Wooster

Universidad de Denison

Universidad de Gonzaga

Universidad de Gettysburg

Universidad de Vanderbilt

Colegio Reed

Universidad de Duke

COLEGIO VS. UNIVERSIDAD

En términos generales, un "colegio" es una escuela de dos o cuatro años que ofrece principalmente títulos de grado o de licenciatura (y a veces algunos títulos de máster). Las universidades no sólo ofrecen licenciaturas, sino también másteres y doctorados. Algunos ejemplos:

Colegio de Dartmouth
Universidad Metodista del Sur
Universidad de Siracusa
Colegio Carleton

¿QUÉ TITULACIÓN ESTÁ CURSANDO EL ESTUDIANTE?

Las universidades ofrecen una gran variedad de titulaciones. Es fundamental que los solicitantes entiendan qué título buscan realmente cuando solicitan el ingreso a la universidad.

GRADOS ASOCIADOS

Los títulos de asociado son ofrecidos por los colegios comunitarios y suelen requerir el equivalente a dos años de estudio a tiempo completo para completarlos. La abreviatura de este título es "AA" para "Associate of Arts" o "AS" para Associate of Science.

LICENCIATURAS

Las licenciaturas son ofrecidas por universidades públicas y privadas. Suelen durar el equivalente a cuatro años de estudio a tiempo completo.

Hay diferentes tipos de licenciaturas. Entre ellos están el BA

(Bachelor of Arts), el BS o BSc (Bachelor of Science), el BFA (Bachelor of Fine Arts), dependiendo del área principal de estudio del estudiante. Un título de Bachelor of Arts no significa necesariamente que una persona haya estudiado arte o pintura. Un estudiante puede obtener un título de Bachelor of Arts en biología, historia, inglés, filosofía, etc.

MÁSTER - MAESTRÍA

Los estudiantes que han terminado su licenciatura pueden seguir estudiando durante un año más (o más) para obtener un título de nivel superior llamado Máster. Los títulos de máster siguen el mismo formato que los de licenciatura, ya que pueden otorgarse como Master of Arts (MA), Master of Science (MS o MSc), Master of Fine Arts (MFA), etc.

TÍTULO DE DOCTOR (O TÍTULO " TERMINAL ")

El título más alto que puede obtener un estudiante -también llamado título "terminal," ya que es el último, o el final, que se puede obtener- es el título de doctorado. El más común es el Doctorado en Filosofía, que se otorga a quienes estudian inglés, historia, biología, química y otras materias académicas. El Doctorado en Derecho, o J.D., se otorga a quienes se han graduado en la facultad de Derecho. Y el M.D., o Doctorado en Medicina, es para quienes se han graduado en la facultad de medicina.

NOMBRAR LOS AÑOS DE UNIVERSIDAD

Los estudiantes de secundaria están familiarizados con la forma en que nombramos cada uno de los cuatro años de la preparatoria:

freshman, sophomore, junior, senior. Algunos se sorprenden al saber que la misma denominación se aplica a cada uno de los cuatro años de la universidad: freshman, sophomore, junior y senior.

MÁS TERMINOLOGÍA: LICENCIATURA, POSGRADO, POST-DOCTORADO

Los estudiantes que están en sus primeros cuatro años de universidad se llaman "estudiantes de grado," es decir, que aún no se han graduado de la universidad. Los estudiantes que están cursando un máster, un doctorado u otros títulos terminales se denominan "estudiantes de posgrado."

Los estudiantes que acaban de terminar sus títulos terminales, pero que siguen trabajando en una universidad y/o investigando, suelen llamarse "postdoctorales," ya que se trata de una etapa posterior, o "post," a su título de doctor.

Epílogo

M e gustaría darle las gracias no sólo por haberse tomado el tiempo de leer este libro -espero que le haya resultado útil- sobre todo por preocuparse lo suficiente por sus alumnos y su futuro como para dedicarles el tiempo y la energía necesarios para ayudarles en este proceso.

Si tiene un momento más, le agradecería mucho que me dijera qué es lo que más le ha ayudado y qué le hubiera gustado que añadiera o explicara con más profundidad. Tendré en cuenta esa información para la segunda edición. Por favor, envíela a mi dirección de correo electrónico: Beth@CollegePrepCounseling.com.

La mejor de las suertes para usted y su estudiante en este proceso.

Beth Pickett